1 | Gärtnerstadt

Gärtner- und Häckermuseum Apr.–Nov.: Di–So 11–17 Uhr

Vom Hauptbahnhof führt die Luitpoldstraße in die Bamberger Innenstadt. Die Stadtplaner zogen die Straße nach dem Bau der Eisenbahnlinie im 19. Jahrhunde… quer durch das Gärtnerland der Theuerstadt, ei… ältesten Bamberger Siedlungsgebiete. Östli… ten Flussarmes der Regnitz war hier i… Gemüsegartenbau entstanden. Danach… hen der Gärtnerhäuser mit großen Dur… dahinter liegenden, langen schmalen Anba… Straßenbild. Steckzwiebeln, Süßholzwurzeln u… reien gehörten seit dem 17. Jahrhundert zu den w… über die Stadtgrenzen hinaus bekannten Produkten, waren sogar lukrative Exportschlager. Viele historische Gemüsegärtnereien sind bis heute in Betrieb und vermarkten erfolgreich ihre Erzeugnisse. Die Erhaltung der jahrhundertealten Anbauflächen, Strukturen und Traditionen innerhalb einer Stadt ist einmalig. Aus diesem Grund gehört die ebenso geschichtsträchtige wie lebendige Gärtnerstadt neben Insel- und Bergstadt zum UNESCO-Welterbe Bamberg. 2014 wurde der »innerstädtische

Süßholz, beheimatet am Mittelmeer und in Westasien, gelangte als Gewürz- und Heilpflanze im 12. Jahrhundert nach Mitteleuropa. Die Wurzel diente zur Herstellung von Lakritze, zur Behandlung von Husten und Heiserkeit sowie zum Würzen von Tee. Ab etwa 1400 bis ins 19. Jahrhundert war es die wichtigste Kulturpflanze der Bamberger Gärtner und ein »Markenzeichen« der Stadt. Im 20. Jahrhundert kam der Anbau in Bamberg mangels Wirtschaftlichkeit zum Erliegen. Allein im Gärtner- und Häckermuseum überlebten einige Pflanzen. So konnte die Tradition durch die 2010 gegründete »Bamberger Süßholz-Gesellschaft« neu belebt werden.

Erwerbsgartenbau« in Bamberg als Sammelbegriff für die Gärtnerstadt mit ihren Menschen, deren Arbeit, Kultur und Traditionen in das Bayerische Landesverzeichnis des Immateriellen Kulturerbes aufgenommen. Seit 2016 steht er auch im bundesweiten Verzeichnis.

Das sehenswerte Gärtner- und Häckermuseum in der Mittelstraße 34 zeigt in einem Haus des 18. Jahrhunderts mit angrenzendem Garten die Lebens- und Arbeitswelt der Gärtner und der Häcker, wie die Winzer im Fränkischen heißen. Im Hausgarten werden die alten Gemüsesorten und das berühmte **Süßholz** angebaut. Natürlich sind auch die kleinen birnenförmigen Zwiebeln mit ihrem milden, süßlichen Geschmack zu finden. Die Gärtner traten einst mit kleinen Brettchen an den Füßen das oberirdische Grün der Zwiebeln platt, damit mehr Energie für das Knollenwachstum zur Verfügung stand. Deshalb wurden alle Bamberger seinerzeit respekt- oder neidvoll »Zwiebeltreter« genannt. Ein beschilderter, informativer Rundweg durch das Viertel mit 18 Stationen und einer Aussichtsplattform in der Heiliggrabstraße vermittelt einen Überblick. Zwischendurch kann man sich nach Herzenslust bei den urwüchsigen Gärtnern mit Gemüse, Obst und Kräutern, Anbautipps und Rezepten eindecken.

2 | St. Gangolf

Östlich der Magistrale erhebt sich wuchtig das geistliche Zentrum der alten Theuerstadt: St. Gangolf. Um 1057/59 als Chorherrenstift gegründet, ist die Pfarrkirche in ihrer Grundsubstanz die älteste erhaltene Kirche Bambergs. Sie wurde im 11. Jahrhundert im romanischen Stil als Basilika errichtet und erhielt im 12. Jahrhundert ihre beiden Türme. Nach 1400 folgten gotische Elemente, unter anderem die Spitzbogenarkaden im Langhaus und der Chor mit Kreuzrippengewölbe. Die frühbarocken Turmhauben entstanden 1671. Die barocke Ausgestaltung des Innenraumes stammt aus dem 18. Jahrhundert. Später wurde sie von Neogotik verdrängt und im 20. Jahrhundert durch moderne Kunst ergänzt. So verbindet das heutige Bauwerk verschiedene Stilepochen. Zwei der insgesamt sieben Glocken stammen aus dem 14. Jahrhundert. Sie zählen zu den klanglich bedeutendsten von Bamberg.

Brauerei Spezial

Der älteste Nachweis für den Ausschank von **Bier** in Bamberg stammt von 1093. Bereits 1489 wurde hier ein Reinheitsgebot erlassen, das älter ist als das bayerische Reinheitsgebot von 1516. Heute besitzt Bamberg noch zehn »lebendige« Braustätten mit Wirtshäusern und Bierkellern, zwei Mälzereien, die älteste Brauereimaschinenfabrik der Welt, ein Brauereimuseum (siehe S. 59) und eine Bierakademie. Mindestens 50 verschiedene Biere werden gebraut, darunter die Spezialitäten Ungespundetes, Weizenbock, Zwickl- und Festbier. Am berühmtesten ist das Rauchbier, das heute noch in den Brauereien Spezial und »Schlenkerla« gebraut wird.

3 | Obere Königstraße

Brauerei Spezial Mo–Fr 9–22.30 Uhr, Sa 9–14 Uhr, So 9–21 Uhr
Brauerei Fässla Mo–Sa 8.30–23 Uhr, So 8.30–12 Uhr

Die Königstraße, die ihren Namen im 19. Jahrhundert zu Ehren des bayerischen Königs Ludwig I. erhielt, spielte im Mittelalter als Abschnitt eines bedeutenden Fernhandelsweges eine wichtige Rolle für Bamberg. Mit dem damaligen Steinweg war die Stadt an die von Erfurt kommende Nord-Süd-Verbindung angeschlossen, die nach Nürnberg, Augsburg und über die Alpen bis nach Verona führte. Entsprechend viele Herbergen, Gasthäuser, Brauereien, Handelshäuser und Handwerksläden prägten den Steinweg. Noch zu Beginn des 19. Jahrhunderts gab es entlang der Straße 22 Brauereien. Zwei existieren noch heute in der Oberen Königstraße. In ihren historischen Brauereigasthöfen mit urigen Gaststuben wird das berühmte **Bamberger Bier** ausgeschenkt. Bereits seit 1536 gibt es die Brauerei Spezial (Nr. 10). Das Vordergebäude mit seiner schönen Fachwerkfassade stammt aus der Zeit um 1450. Im Hinterhof der vierseitigen Anlage befindet sich das historische Brauhaus von 1742. Die ehemaligen Stallungen beherbergen heute die moderne Abfüllanlage. Schräg gegenüber wird im Brauereigasthof Fässla (Nr. 19–21), dem Stammhaus der seit 1649 bestehenden Brauerei Fässla, Bier ausgeschenkt.

4 | Alte Hauptwache

Bamberg ist auch eine Stadt der Brücken. Spaziergänge entlang des Main-Donau-Kanals und der Regnitz, hin und wieder eine Flussüberquerung, lohnen sich allemal. Die Kettenbrücke ist seit ihrem Neubau 2009/10 ein reizvolles Tor für Fußgänger und Radfahrer zur autofreien Zone der Innenstadt. Sie lädt zum Verweilen ein, bevor die **Inselstadt** erkundet wird. Erste Sehenswürdigkeit ist linker Hand die Alte Hauptwache in der nach ihr benannten Hauptwachstraße. Das freistehende zweigeschossige Barockgebäude aus massiven Sandsteinquadern entstand 1772/74 im Auftrag von Fürstbischof Adam Friedrich von Seinsheim, entworfen von Hofkriegsrat Johann Georg Roppelt. Es diente der Repräsentation des fürstbischöflichen Heeres. Trophäenaufbauten, Reliefs mit militärischen Symbolen und Wappen schmücken die Fassade. Heute wird es als Geschäfts- und Wohnhaus genutzt.

Die **Inselstadt** auf der Insel zwischen dem linken und rechten Arm der Regnitz ist die alte Bürgerstadt und das heutige Zentrum Bambergs. Sie umfasst einen der größten nahezu unversehrt erhaltenen historischen Stadtkerne Deutschlands und ist Teil des UNESCO-Welterbes Bamberg. Hier trifft man kleine Geschäfte in alten Häuserzeilen, Gastronomie von hippen Kneipen bis zu gemütlichen Wirtshäusern. Ein täglicher Wochenmarkt bietet Produkte der Gärtnereien. Die Inselstadt ist Standort der Universität und zugleich Wohnstätte vieler Bamberger. Nicht zuletzt besitzt sie berühmte Sehenswürdigkeiten wie das Alte Rathaus und Klein Venedig.

Maximiliansbrunnen

5 | Maximiliansplatz

Der Maxplatz, wie ihn die Einheimischen nennen, ist Bambergs größter Platz. Hier finden Märkte, Feste und Veranstaltungen statt. Im Dezember ist er Ort des Weihnachtsmarktes mit einem im fränkischen Fachwerkstil gestalteten, großen Krippenhaus. Umgeben ist der Platz von repräsentativen Barockbauten. Früher stand hier die gotische St. Martinskiche (Untere Pfarrkirche) aus dem 14. und 15. Jahrhundert mit einem angrenzenden Friedhof. Sie wurde nach der Säkularisation 1804/05 abgerissen. Von der Umrahmung des Friedhofes blieben nur die Steinpfeiler übrig. Der damit entstandene geräumige Platz wurde nach König **Maximilian I. Joseph** von Bayern benannt und hieß fortan Maximiliansplatz. Auch der große Brunnen im vorderen Bereich ist dem König gewidmet – der Maximiliansbrunnen, geschaffen 1888 von Ferdinand von Miller, dem bayerischen Bronzegießer, Inspektor und späteren Besitzer der Königlichen Erzgießerei in München. Die Bronzestatuen des Brunnens entstanden bereits im Jahr 1880. Auf dem Mittelpfeiler thront »König Max« mit der Verfassungsurkunde in der Hand, zu seinen Füßen die Stadtheiligen: Kaiser Heinrich II., seine Gemahlin Kunigunde, Bischof Otto I. und König Konrad III.

An den Längsseiten des Platzes erheben sich zwei großzügige, von Balthasar Neumann einheitlich entworfene barocke Palais aus der ersten Hälfte des 18. Jahrhunderts: Entlang der Altstadtseite steht das ehemalige Katharinenspital, das auf eine Stiftung von 1203 zurückgeht und heute Wohn- und Kaufhaus ist. Ihm gegenüber erstreckt sich das Neue Rathaus. In der Mitte der langen Barockfassade befindet sich der Haupteingang der Bamberger Stadtverwaltung. 1732/37 errichteten die Baumeister Justus Heinrich Dientzenhofer und Johann Jakob Michael Küchel nach Plänen von Balthasar Neumann das barocke Bauwerk für das 1586 gegründete erzbischöfliche Priesterseminar. Es befand sich ab 1735 für 193 Jahre in diesem Gebäude, bevor es 1928 an den Heinrichsdamm umzog. Das repräsentative Haus am Maxplatz indessen wurde 1933 zum Rathaus umfunktioniert. Es wurde 1939/43 umgebaut und im Stil des Altbaus nach Nordwesten erweitert.

Maximilian I. Joseph
1756–1825, bei Regierungsantritt 1799 als Maximilian IV. zunächst Herzog von Bayern, Pfalzgraf bei Rhein, Herzog von Jülich und Berg sowie Kurfürst von Kurpfalz-Bayern. Er begründete die Herrschaft des Wittelsbacher Hauses Pfalz-Zweibrücken über Bayern. Durch ein Bündnis mit dem napoleonischen Frankreich stieg er am 1. Januar 1806 zum ersten König des Königreichs Bayern auf. Mit einschneidenden Reformen und territorialen Veränderungen entstand unter seinem Minister Maximilian von Montgelas der moderne bayerische Staat. Die Untertanen nannten ihn einfach »König Max«.

Vogelsaal

Würzburger Lügensteine
1725 brachten drei junge Männer dem Würzburger Mediziner und fürstbischöflichen Leibarzt Johann Beringer einige Muschelkalksteine mit seltsamen Figuren. Beringer belohnte sie und spornte zur weiteren Suche an. Sie brachten ihm Hunderte weitere Exemplare mit Reliefs von Tieren, Pflanzen und Schriftzeichen. Der Gelehrte untersuchte die »Funde« und publizierte 1726 sein berühmtes Werk »Lithographiae Wirceburgensis«. Darin diskutierte er wissenschaftlich die Entstehung der Steine. Kurz darauf wurde der Betrug publik: Neider Beringers hatten die Burschen überredet, Steine mit Figuren zu verzieren.

6 | Naturkunde-Museum

Apr.–Sep.: Di–So 9–17 Uhr; Okt.–März: Di–So 10–16 Uhr

In der Anlage des ehemaligen Jesuitenkollegs, ab Mitte des 17. Jahrhunderts Universität, beeindruckt das Naturkunde-Museum (Zugang in der Fleischstraße 2). Das Museum stellt eine gelungene Kombination von Historie und Modernität dar. Der berühmteste Bereich ist der »Bamberger Vogelsaal«, der als einer der weltweit ältesten und schönsten Naturkundesäle gilt. Seine Gründung geht auf Fürstbischof Franz Ludwig von Erthal zurück, der 1791 für die Universität, die erstmals auch Naturgeschichte lehrte, die Einrichtung eines Naturalienkabinetts anordnete. Hofarchitekt Lorenz Fink schuf den geräumigen, über zwei Geschosse reichenden, acht Meter hohen Saal im frühklassizistischen Stil, mit umlaufender Galerie, Holztäfelung, Bildschnitzarbeiten und Vitrinen. Fertiggestellt wurde er erst nach der Säkularisation (1803), als der ehemalige Benediktinerpater Dionysius Lindner die naturkundliche Sammlung von Kloster Banz als Schenkung übergab, fortan die Leitung des Bamberger Kabinetts übernahm und es zu europaweiter Bedeutung führte. Später fanden hier ausschließlich präparierte Vögel Platz, daher die Bezeichnung »Vogelsaal«. Nach mehreren Umgestaltungen erhielt der Raum bei der vollständigen Sanierung 2008/10 sein ursprüngliches, weiß-blaues Erscheinungsbild aus der ersten Hälfte des 19. Jahrhunderts zurück. Die Ausstellung wurde wieder dem Anspruch an ein universelles Naturalienkabinett angepasst. Heute umfassen die rund 2200 Exponate neben 1255 europäischen und exotischen Vögeln auch Minerale und Gesteine, Samen und Früchte von Pflanzen, 200-jährige Wachsmodelle verschiedener Obstsorten, wirbellose Tiere und Wirbeltiere. Selbst die kuriosen Würzburger Lügensteine sind im Vorraum zur Galerie zu sehen.

Das Museum zeigt außerdem moderne Dauer- und Sonderausstellungen zur Geologie, Mineralogie, Bodenkunde, Paläontologie und Zoologie mit vorwiegend regionalen Bezügen. Spektakulär sind die versteinerten urzeitlichen Meerestiere aus den 150 Millionen Jahre alten Plattenkalken eines Steinbruchs im nahegelegenen Wattendorf. Im Multivisionsraum läuft stündlich die beeindruckende Multimediaschau »Die Biosphäre – vom Kreislauf des Lebens«. Sie zeigt die faszinierende Vielfalt der Natur, das Zusammenspiel der Organismen sowie die Rolle des Menschen in der Biosphäre und die damit verbundenen Herausforderungen.

Kinoraum mit Exponaten zum Thema »Biosphäre«

7 | Heumarkt

Skulpturenweg
Ab Ende der 1990er Jahre initiierte das Internationale Künstlerhaus Villa Concordia in der Altstadt mehrere Ausstellungen von Plastiken international bekannter Künstler. Jeweils ein Werk wurde anschließend angekauft und an exponierten Plätzen aufgestellt. Zu entdecken sind u. a.: »Große Figur 1982« von Joannis Avramidis am Pfahlplätzchen, »Der Apoll« von Markus Lüpertz vor St. Elisabeth, »Wandelung« von Kazuo Katase in den Weinbergen Michaelsberg, »Säule« von Micha Ullman auf dem Domplatz. Im Skulpturenpark an der Konzerthalle stehen außerdem mehr als 20 Großplastiken des Bamberger Künstlers Bernd Wagenhäuser.

In der Fleischstraße verlief im 13. Jahrhundert die erste Stadtmauer entlang des Karmelitenklosters (später Jesuitenkolleg) über den jetzigen Heumarkt und durch den Burgershof, wo noch ein alter Stadtmauerturm aus dem 13. Jahrhundert steht. Auf dem tief liegenden Gelände des Heumarktes muss sich damals ein kleiner See zum Fischfang vor der Mauer befunden haben, bevor er im Zuge von Baumaßnahmen trockengelegt wurde. Der spätere Heumarkt gehörte ebenso wie der Obst-, Holz-, Sau-, Fisch-, Getreide- und Gemüsemarkt zu den bedeutenden Handelsplätzen der sich entwickelnden Stadt. Heute ist der Heumarkt ein versteckter, lauschiger Platz im Trubel der Innenstadt. Ein nettes Café lädt zum Verweilen ein. Direkt davor überrascht eine außergewöhnliche Großplastik den Betrachter. Die »Liegende mit Frucht« des Malers und Bildhauers Fernando Botero (geb. 1932) gelangte 1998 mit einer Ausstellung des weltberühmten kolumbianischen Künstlers nach Bamberg, blieb und eröffnete als erstes zeitgenössisches Kunstwerk den Bamberger **Skulpturenweg**. Die modernen Plastiken von Weltrang bilden seitdem höchst spannungsreiche, anregende Kontraste zum historischen Flair.

8 | Otto-Friedrich-Universität

Südlich des Heumarktes schließt sich das Areal der Bamberger **Universität** an. Hier befindet sich einer der drei Standorte der Universität, die außerdem mit Feldkirchenstraße und ERBA-Gelände auf der Regnitz-Insel über große moderne Komplexe verfügt. In der Innenstadt wird vor allem in historischen Gebäuden aus dem 17. und 18. Jahrhundert studiert, gearbeitet und gefeiert. Sie gruppieren sich rund um den ehemaligen Burgershof (An der Universität 9), der Mitte des 17. Jahrhunderts im Winkel der alten Stadtmauer als Bauhof der Stadt diente. Heute bietet er Raum für die Fakultät der Geistes- und Kulturwissenschaften sowie die traditionellen Uni-Feste. Mittendrin steht die denkmalgeschützte Wagenremise mit Pferdestall, ein Fachwerkbau mit hohem Satteldach von 1889/90. Zum Heumarkt hin liegt das 1823/27 errichtete Feuerwehrhaus mit fünf rundbogigen Einfahrtstoren, das 1982 zum Seminargebäude umgebaut wurde. Der schöne Fachwerkaufbau daneben ist das ehemalige Haus des Stadtphysicus von 1625. Auch im gegenüberliegenden einstigen Jesuitenkolleg befinden sich Universitätseinrichtungen, ebenso im Hochzeitshaus (Am Kranen 12) und im Alten Schlachthaus von 1741/42 (Am

Die **Universität** wurde 1647 von Fürstbischof Melchior Otto Voit von Salzburg gegründet und von Fürstbischof Friedrich Carl von Schönborn maßgeblich gefördert. 1773 erhielt sie den Namen Universitas Ottoniano-Fridericiana. Mit der Säkularisation des Hochstifts Bamberg erfolgte 1803 die Schließung und Fortführung als Lyzeum, später als Philosophisch-Theologische Hochschule (1923–1972) und als Pädagogische Hochschule (1958–1972). 1972 entstand daraus eine neue Gesamthochschule, die 1979 zur Universität wurde. Seit 1988 heißt sie Otto-Friedrich-Universität. Sie hat heute ca. 12 700 Studierende.

Universitätsbibliothek (Heumarkt 2)

Kranen 1). Neben dem barocken Schlachthaus liegt anstelle der ehemaligen Fleischverkaufshalle ein Neubau für die Universitätsbibliothek. In der Kapuzinerstraße arbeitet die Universitätsverwaltung, u.a. im 1711/18 erbauten barocken Rotenhan-Palais, einem der prächtigsten Bamberger Adelspaläste.

9 | St. Martin

Apr.–Okt. 9–18 Uhr; Nov.–März 9–17 Uhr

Die Pfarrkirche ist die bedeutendste Barockkirche der Stadt. Sie entstand 1686/93 als Kirche der Jesuiten, die 1611 das frühere Karmelitenkloster übernommen hatten, und hieß »Zum Allerheiligsten Namen Jesu«. Baumeister waren die Brüder Georg und (nach dessen Tod 1689) Leonhard Dientzenhofer. Nach Auflösung des Jesuitenordens 1773 gingen die Kirche und das angrenzende Kolleg an die Universität über. Die Säkularisation brachte 1803 die Umwandlung zur Stadtpfarrkirche. Sie erhielt das Patrozinium der alten Martinskirche, die auf dem heutigen Maxplatz stand und 1804/05 abgerissen wurde.

Wuchtig erhebt sich die zweigeschossige, stark gegliederte Fassade über den Grünen Markt. Die Skulpturen stellen Leitfiguren der Jesuiten dar: Jesus und Maria, Ordensgründer Ignatius von Loyola und die Heiligen Franz Xaver, Sebastian und Laurentius, Anna und Ottilie. Über dem Portal prangt das Christusmonogramm – IHS leitet sich von den ersten drei griechischen Buchstaben des Namens Jesu ab. Den Innenraum beherrschen ein mächtiger Hochaltar, die Kanzel und die Seitenaltäre. Sehenswert ist die Scheinkuppel (1716) des italienischen Meisters der Illusionsmalerei, Giovanni Francesco Marchini, nach Entwürfen des Italieners Andrea Pozzo über dem Vorraum des Chores. Kunstwerke, die aus der alten Martinskirche gerettet wurden, sind eine Pietà (14. Jahrhundert) und das Gnadenbild der Schmerzhaften Muttergottes (15. Jahrhundert) am rechten Seitenaltar sowie einige Altarbilder. Neben der Kanzel gelangt man zur Krypta, in der sich Grabstätten von Jesuitenpatern befinden. Die Orgel mit 38 Registern stammt aus dem Jahr 1894, umfassend restauriert 1999/2000.

IHS

Hörnla ist eine alte Sorte kleiner, länglich gebogener, festkochender Kartoffeln mit feiner Schale und Nussaroma, die besonders gut für Kartoffelsalat geeignet ist. Wahrscheinlich gelangte die Sorte aus den Gärten der Bamberger Fürstbischöfe zu den fränkischen Bauern. Der Anbau ist aufwendig und die Ernte nicht maschinell möglich. Mit der Rückbesinnung auf traditionelle Sorten sind Hörnla wieder sehr beliebt und seit 2013 als regionale Bamberger Marke geschützt. Als Hörnla bezeichnen die Bamberger auch ein halbmondförmiges Buttergebäck – Hörnchen, die man in die Kaffeetasse tunkt und dann genüsslich abbeißt.

10 | Grüner Markt

Mo–Sa Obst- und Gemüsemarkt, Sa Bauernmarkt

Die Fußgängerzone und Einkaufsstraße zu Füßen von St. Martin wird gesäumt von barocken Bürgerhäusern reicher Kaufmannsfamilien des 18. Jahrhunderts mit Restaurants, Straßencafés und modernen Geschäften. An den Wochentagen herrscht reges Markttreiben. Dann werden an den vielen Ständen die Erzeugnisse der Bamberger Obst- und Gemüsegärtner verkauft. Dazu gehören Spezialitäten wie die berühmten **Bamberger Hörnla**, Zwiebeln, Sauerkraut aus dem Fass und frischer Wirsing. Gern erklären die Marktleute das Besondere ihrer Produkte. Schon möglich, dass der Fremde auch eine Lektion Fränkisch abbekommt, wenn Gämüüs wie Örbfl, Dsälood, Dswiefln, Böönla, Wäsching und Rangäsn angeboten werden. Die alte Humsera, Marktfrau und Bamberger Original, hockt als steinerne Brunnenfigur (1933, Hans Leitherer) hinter den Buden vor der Martin-Apotheke. So deftig-derb, wie die stadtbekannte »Markthök'n« seinerzeit mit scharfem Mundwerk die Erzeugnisse der Gärtner verkaufte, geht es aber heutzutage nicht mehr zu.

Neptunbrunnen

Beliebter Treffpunkt auf dem Grünen Markt ist der Neptunbrunnen – einer der bekanntesten Brunnen Bambergs. In seiner Mitte erhebt sich die mächtige Figur des römischen Meeresgottes mit gewaltigem Dreizack. Für die Einheimischen ist der vergoldete Dreizack eine Gabel und Neptun ein Gabelmann – »Treff mer uns om Goblmoo«, heißt es. Einen Brunnen gab es an dieser Stelle schon im 14. Jahrhundert. 1566 erhielt er eine Statue, die den Ritter Georg darstellte. Der große Barockbrunnen mit kunstvoll geschmiedetem Gitter und Neptun-Figur wurde 1698 von dem Bildhauer Caspar Metzner im Auftrag des Fürstbischofs Lothar Franz von Schönborn geschaffen. Dessen Wappenschild mit Kurfürstenhut schmückt den Brunnenpfeiler zu Füßen Neptuns. An der Rückseite des Sockels befindet sich das Bamberger Stadtwappen mit dem gerüsteten Ritter Georg.

11 | Lange Straße

Wallensteinhaus

Der Grüne Markt stößt an seinem südlichen Ende auf die Lange Straße, eine vielbefahrene Geschäftsstraße mit Läden und Restaurants. Die Fassaden repräsentativer Bürgerhäuser des 18. und 19. Jahrhunderts zeugen

Weinhaus Messerschmitt

Die Vorstadt **Zinkenwörth** lag ab dem Mittelalter rund um den heutigen Schillerplatz auf bewohnten Inseln zwischen mehreren Nebenarmen der Regnitz. »Wörth« geht zurück auf das mittelhochdeutsche »Wert« für Insel. Hier lebten Zugezogene und Menschen niederer sozialer Herkunft. Erst Ende des 15. Jahrhunderts gehörte die Siedlung zweifelsfrei zur Stadt. Noch bis ins 18. Jahrhundert besaß sie die Rechte einer Sondergemeinde. Habergasse und Zinkenwörth mit ihren Handwerkerhäuschen erinnern an diese Zeit. Im Haus Zinkenwörth 29 ist noch ein historischer Laden zu entdecken – der »Bürsten Nickles«.

von ihrem einstigen Prestige. Gleich am Anfang fällt das Wallensteinhaus (Nr. 3) aus dem Jahr 1715 mit seinem Treppengiebel und dem barocken, verzierten Rundbogen-Portal ins Auge. Sein Name erinnert daran, dass der böhmische Feldherr 1632 hier wohnte, als er während des Dreißigjährigen Krieges in Bamberg Rekruten für das kaiserlich-bayerische Heer musterte. Im Haus zum goldenen Löwen (Nr. 13) wohnte bis 1812 Juliana Marc, die geliebte Schülerin E.T.A. Hoffmanns.

Am Ende der Straße befindet sich das legendäre Hotel und Weinhaus Messerschmitt (Nr. 41), in dem schon Fürsten und Bischöfe, Bundespräsidenten und Bundeskanzler einkehrten. Der Legende nach soll im 15. Jahrhundert ein Mainschiffer ein Fass Wein mitgebracht und in der damaligen Langgasse den Wein Glas für Glas zu gutem Preis verkauft haben. Daraus entstand ein Weinhaus, das sich heute seiner jahrhundertealten Tradition, Atmosphäre und Gastlichkeit rühmt. Seit 1832 sind Weinhaus und Hotel im Besitz der Familie Messerschmitt und werden heute in sechster Generation von ihr geführt. Zu den Betreibern gehörten Anfang des 20. Jahrhunderts auch die Eltern des Flugzeugkonstrukteurs und Unternehmers Willy Messerschmitt, dessen Militärflieger im Zweiten Weltkrieg auf deutscher Seite Einsatz fanden.

12 | Schönleinsplatz

Die vielbefahrene Kreuzung mit einem bronzenen Reiterstandbild für den bayerischen Prinzregenten Luitpold gehörte einst zu den ersten Adressen der Stadt. Der Platz wurde 1874 nach dem 1793 in Bamberg geborenen Arzt Johann Lukas Schönlein benannt, an den eine Denkmalsbüste erinnert. Im späten 19. Jahrhundert bildete das gründerzeitliche Areal mit Fontäne und Blumenbeeten einen prächtigen Eingang zur Bürgerstadt. Das Schützenhaus von 1892/93 stieg bald zum mondänen Fest- und Kaffeehaus auf, in dem gekrönte Häupter und bekannte Künstler logierten. Von diesem Glanz ist heute kaum etwas übrig. Das Schützenhaus wurde Mitte der 1950er Jahre durch ein zeitgemäßes Gebäude ersetzt. Einen Achtungspunkt in der Tristesse setzen die »Roten Männer« des chinesischen Künstlers Wang Shugang. Bereits 2013 war die Skulpturengruppe »Meeting« als prägendes Element der Kunstausstellung CIRCLES auf dem Schönleinsplatz zu sehen. Dank der Initiative des Internationalen Künstlerhauses Villa Concordia kehrten die acht hockenden Figuren im Jahr 2016 dauerhaft zurück. Der Bamberger Volksmund indessen nennt die Kunstwerke respektlos einfach »Scheißerla«.

Bamberger Verfassung
Im Spiegelsaal der »Harmonie« tagte vom 21. Mai bis 19. August 1919 der nach Novemberrevolution und Monarchieende gewählte erste bayerische Landtag. Er verabschiedete die bayerische Verfassung. Bamberg bot damals der neuen Regierung Bayerns Exil, denn in München tobten seit der Ermordung des Ministerpräsidenten Kurt Eisner blutige Kämpfe um den Sieg von Räterepublik oder pluralistischem Parlamentarismus. Die Verfassung, angelehnt an die Weimarer Reichsverfassung, brachte Bamberg die Bezeichnung »bayerisches Weimar« ein. Regierung und Abgeordnete kehrten jedoch bald ins befriedete München zurück.

13 | ETA Hoffmann Theater

E.T.A. Hoffmann
1776–1822, Schriftsteller. Geboren in Königsberg als Ernst Theodor Wilhelm Hoffmann, änderte er aus Verehrung gegenüber Mozart seinen dritten Vornamen in Amadeus. Nach dem Jurastudium war er Beamter im preußischen Justizdienst, gleichzeitig Literat, Komponist, Kapellmeister, Zeichner, Karikaturist. Die Jahre 1808–1813 verbrachte Hoffmann in Bamberg als erfolgloser Musikdirektor des Theaters. Viele Erlebnisse dieser Bamberger »Lehr- und Marterjahre« flossen in seine Geschichten ein. In Berlin wurde er Kammergerichtsrat und berühmt als Dichter der Romantik.

Eine anrührende Skulptur erinnert an **Ernst Theodor Amadeus Hoffmann**. Mit Kater Murr auf der Schulter und Manuskripten unterm Arm steht der Dichter auf dem Platz vor dem Theater, die beide seinen Namen tragen. Bereits im 17. und 18. Jahrhundert hatte sich am heutigen Schillerplatz aus mehreren Gebäuden ein »Gesellschaftshaus« entwickelt – eine bürgerliche Vergnügungsstätte mit Gastronomie, Festsälen und Garten. Dieser Gebäudekomplex wurde 1802 zum Bamberger Theater. 1808 entstand ein Neubau mit Theater und eleganten Sälen der honorigen, kulturinteressierten Gesellschaft »Harmonie Bamberg«. Am Theater erhoffte sich E.T.A. Hoffmann künstlerischen Erfolg als Musikdirektor. Allerdings dirigierte der Kapellmeister nur eine einzige Oper, wurde dann Direktionsgehilfe, Dramaturg, Kulissenmaler und Kartenabreißer, bis er Bamberg entnervt wieder verließ. Die Harmoniesäle schrieben später noch einmal Geschichte: im Spiegelsaal wurde 1919 die **Bamberger Verfassung** verabschiedet. Nach der Schließung im Nationalsozialismus und der Wiedereröffnung 1959 übernahm die Stadt Bamberg das Haus 1970 als Stadttheater und benannte es nach E.T.A. Hoffmann. 1999–2003 fand eine umfangreiche Sanierung und moderne Erweiterung des Theaters (einschließlich Harmonie) statt. Seitdem werden die Besucher in einer großzügigen Rotunde mit gläsernem Entree empfangen. Der neoklassizistische Große Saal von 1861 besitzt rund 400 Plätze. Für kleinere Veranstaltungen gibt es die neue Studiobühne und ein Gewölbe. Auf dem Spielplan stehen klassische und zeitgenössische Schauspiele, darunter Erstaufführungen und Premieren eigener Auftragswerke. Das Ensemble und Regieteams mit ungewöhnlichen Handschriften verleihen dem Theater ein besonderes Profil.

14 | E.T.A.-Hoffmann-Haus

Mai–1. Nov.: Di–So 13–17 Uhr

Am heutigen Schillerplatz 26 befand sich 1809–1813 die zweite Bamberger Wohnung E.T.A. Hoffmanns und seiner polnischen Frau Michalina (Mischa), die im September 1808 nach Bamberg gekommen waren. Am 1. Mai 1809 zogen sie zum pensionierten Hoftrompeter Kaspar Warmuth in die zweite Etage und die Mansarde des schmalen Hauses. Hoffmann genoss die Nähe zum Theater und zur

Gaststätte »Rose«, die Ruhe im Poetenstübchen und seine Aussicht über die Dächer. Hier komponierte er die Oper »Aurora«, das Miserere b-Moll, Gesangsstücke sowie Melodramen und begann die Zauberoper »Undine«, die 1816 in Berlin uraufgeführt wurde. Gleichzeitig schrieb er erste bedeutende literarische Texte.

E.T.A.-Hoffmann-Haus

Jahrzehnte später besannen sich die Bamberger auf den berühmt gewordenen Bewohner des Hauses. 1908 erhielt die Fassade eine Gedenktafel. In den 1920er Jahren wurde die Mansarde als »Undinestübchen« ausstaffiert, 1930 entstand in den oberen Stockwerken eine museale Gedenkstätte. Heute beherbergt das gesamte Haus mit Rückgebäude und Garten ein spannendes, modern gestaltetes Museum. Bild, Text, Ton und fantasievolle Installationen setzen Hoffmanns Bamberger Jahre, sein Leben und Werk in Szene.

15 | Alter Kanal

Gondelfahrten Mai–Okt.: Fr–So 14.15/14.45 Uhr

In Bamberg gibt es noch einen der wenigen Abschnitte des historischen **Ludwig-Donau-Main-Kanals**, der dem Linken Regnitzarm folgte und sich vor der Bamberger Innenstadt teilte. Am Kanalufer nördlich der Nonnenbrücke stehen drei Eisenkräne aus dem Jahr 1846 – technische Denkmale der einst zahlreichen wasser- und schifffahrtstechnischen Anlagen. In einem Sandsteinquaderbau (Am Kanal 15) mit Stufengiebeln und Stichbogenöffnungen von 1870 befand sich die Kanalmeisterei.

Ludwig-Donau-Main-Kanal
Die Wasserstraße zwischen der Donau bei Kelheim und dem Main bei Bamberg wurde 1836–1846 auf Veranlassung des bayerischen Königs Ludwig I. erbaut und war im 19. und 20. Jahrhundert ein Teil des Schiffsweges zwischen dem Schwarzen Meer und der Nordsee. Auf einer Länge von 173 Kilometern überwand er mit Hilfe von 100 Schleusen einen Höhenunterschied von 264 Metern. 1850 wurden 200 000 Tonnen Güter auf diesem Weg transportiert. Die Eisenbahn brachte den Niedergang, ab 1950 wurde er (kurz Ludwigskanal oder Alter Kanal genannt) nicht mehr genutzt. 1960–1992 entstand als Ersatz der neue Main-Donau-Kanal (Neuer Kanal).

Nahe der Oberen Brücke, neben dem gemütlichen »Wirtshaus zum Weinfass«, einer der ältesten Weinstuben Bambergs, ist die Anlegestelle für stimmungsvolle Gondelfahrten.

Der einstige Treidelpfad ist heute ein schöner Spazierweg. Er führt südlich der Nonnenbrücke auf der linken Kanalseite direkt am Ufer entlang bis zur Schleuse 100. Hatten die Schiffe diese Schleuse passiert, konnten sie mühelos das Bamberger Mühlenviertel umfahren und erreichten nordwestlich der Stadt den Main. Die Holzschleuse – 35 Meter lang und nur 5 Meter breit – funktioniert noch. Sie wird per Hand betrieben und von Sportbooten genutzt. Außerdem dient sie zur Regulierung des Wasserstandes im Linken Regnitzarm. Auch das alte Schleusenwärterhäuschen blieb erhalten.

16 | Villa Concordia

Von April bis Oktober setzt eine Fähre Fußgänger und Radfahrer von der Schleuse 100 ans andere Ufer des Linken Regnitzarmes über (Di–So). Dort erhebt sich zu Füßen des Stephansberges das prächtige barocke Wasserschloss Villa Concordia, das 1715/22 durch Johann Dientzenhofer im Auftrag von Ignaz Michael Tobias Böttinger errichtet wurde. Es diente dem Hofbeamten neben seinem Haus in der Judenstraße (siehe S. 36) als Wohnpalast. Seit 1998 ist die Villa ein internationales Künstlerhaus des Freistaats Bayern. »Concordia« steht hier für die Eintracht historischer Architektur und zeitgenössischer Kunst. Die Villa bietet Musikern, Literaten und bildenden Künstlern Räume und Möglichkeiten für ungestörtes Arbeiten und gemeinsame Projekte. In jedem Jahr leben hier bis zu 24 deutsche und internationale Stipendiaten. Bei Ausstellungen, Lesungen und Konzerten stellen sie ihre Werke der Öffentlichkeit vor.

17 | Mühlenviertel

Tourist Information (Geyerswörthstraße 5) Sa 9.30–15 Uhr, So 9.30–14 Uhr; März–Okt.: Mo–Fr 9.30–18 Uhr; Nov.–Feb.: Mo–Fr 9.30–17 Uhr, Tel. 0951 2 97 62 00

Am Linken Regnitzarm reihen sich seit dem Mittelalter zahlreiche Mühlen aneinander. Bereits im Jahr 973 wurde erstmals eine Mühle urkundlich erwähnt. Später besaß Bamberg drei Mühlenviertel: Die Fischmühlen an der Rathausbrücke (existieren nicht mehr) sowie das Obere und das Untere Mühlenviertel, getrennt durch die Bischofsmühlbrücke. Jahrhunderte lang trieben hölzerne Wasserräder die auf Eichenpfählen gegründeten Getreide-, Öl-, Eisenschleif-, Hammer-, Loh- und Walkmühlen an. Um 1800 gab es insgesamt 40 Räder. Später dienten sie auch der Stromerzeugung. 1839 vernichtete ein Großbrand fast alle Mühlen. Anschließend wiederaufgebaut, blieben einige bis heute erhalten. In einigen Oberen Mühlen befinden sich heute Restaurants wie das bekannte Wirtshaus »Eckerts« über der Regnitz und das »Klosterbräu«, die älteste Brauerei der Stadt, daneben Hotels und begehrte Studentenwohnungen. Die Unteren Mühlen gelangten Anfang des 11. Jahrhunderts durch

Weinschänke »Bischofsmühle«

Blick von der Oberen Brücke ins Mühlenviertel

Schenkung von Kaiser Heinrich II. zum Bistum Bamberg. Bis ins 19. Jahrhundert unterstand der umzäunte Komplex mit Mühlensteg und Mühlenhof dem Domkapitel. Zu ihm gehörte auch die bekannte »Brudermühle« am Geyerswörthsteg, benannt nach den Mönchen des nahegelegenen Franziskanerklosters. Das Gebäude entstand nach einem Brand von 1762 neu und war bis ins 19. Jahrhundert eine Getreidemühle. 1888 richtete die Stadt Bamberg in dem Haus ihr erstes Wasserwerk ein, das bis 1922 in Betrieb war. Seit 1980 ist die »Brudermühle« Hotel und Gastwirtschaft mit prominenten Gästen.

18 | Besucherzentrum Welterbe Bamberg

Apr.–Okt. 10–18 Uhr; Nov.–März 11–16 Uhr, Eintritt frei

2019 eröffnete das attraktive Welterbe-Besucherzentrum Bamberg, auffallend durch seine historische Sandsteinfassade. Früher befanden sich an dieser Stelle auf einer künstlichen Insel drei zusammenhängende Mühlen: die Leibels-, die Kaufmanns- und die Sterzermühle. Sie wurden Ende des Zweiten Weltkrieges zerstört. Lediglich

Seit 1993 zählt die Altstadt von Bamberg aufgrund ihres außergewöhnlichen universellen Wertes zum **UNESCO-Welterbe**. Sie gilt als hervorragend erhaltenes Beispiel einer auf hochmittelalterlicher Grundstruktur entwickelten mitteleuropäischen Stadt mit kirchlichen und herrschaftlichen Bauten. Seit dem 11. Jahrhundert übte Bamberg großen Einfluss auf Städtebau und Stadtentwicklung in Mitteleuropa aus. Zum Welterbe gehören die drei historischen Siedlungszentren Bergstadt mit Domberg und Kloster St. Michael, Insel- sowie Gärtnerstadt. Das Welterbe umfasst auf 142 Hektar mehr als 1300 Einzeldenkmäler.

Reste der Sterzermühle blieben bestehen und wurden in die Fassadengestaltung des Besucherzentrums eingebunden. Heute vermittelt der Ort das Außergewöhnliche, das die Altstadt von Bamberg zum **UNESCO-Welterbe** macht.

Eine multimediale Ausstellung im Obergeschoss bietet interessante Informationen und Hintergründe. Im Mittelpunkt stehen die drei Welterbe-Gebiete: die Bergstadt mit dem Domberg, die Inselstadt mit ihren Mühlen und die Gärtnerstadt mit ihrem gewerblichen Gartenbau. Ein interaktives Stadtmodell bildet das Herzstück der Präsentation. Es ist mit Projektionen bespielt, die in unterschiedliche Epochen und zu spannenden Themen der Stadtgeschichte führen. An Hör- und Videostationen, Modellen mittelalterlicher und barocker Häuser oder einem Samenrad der Gärtner erfährt man beim aktiven Erkunden viele historische, kulturelle und geografische Zusammenhänge. Souvenirs und regionale Produkte mit Bezug zum Welterbe gibt es am Verkaufsstand nebenan. Im Erdgeschoss lädt ein Restaurant ein, dessen Terrasse von der Regnitz umflossen wird. Darunter wird wie in alten Zeiten die Wasserkraft genutzt. In einem modernen Turbinenschacht erzeugt eine Turbine Energie für rund 300 Haushalte.

19 | Schloss Geyerswörth

Wegen Sanierung und Umbau bis 2024 geschlossen

Umgeben von Wasser liegt auf der Insel zwischen Altem Kanal und Linkem Regnitzarm das ehemalige fürstbischöfliche Stadtschloss. Sein Name geht auf die Patrizierfamilie Geyer aus Nürnberg zurück, die sich Anfang des 14. Jahrhunderts in Bamberg niederließ und auf der Regnitzinsel, dem »Wörth«, eine mittelalterliche Burg errichtete. 1580 ging die Anlage an das Hochstift Bamberg über und wurde bis 1587 von Baumeister Erasmus Braun zu einer Fünfflügelanlage im Stil der Renaissance umgebaut. Als Bauherr gilt Fürstbischof Ernst von Mengersdorf (Wappen im Innenhof). Schloss Geyerswörth, ausgestattet mit einem prächtigen Renaissancesaal und damals umgeben von einem ausgedehnten Lustgarten, diente den Bamberger Fürstbischöfen als Stadtschloss und Residenz. Als 1703 die Neue Residenz auf dem Domberg fertiggestellt war, zogen die Bischöfe dorthin um. In Geyerswörth blieb die fürstbischöfliche Verwaltung. 1740 stürzte aufgrund schlechter Statik die Nordwand mit Renaissancefassade und zwei Treppengiebeln ein. Die folgen-

Johann Jakob Michael Küchel

1703–1769, Hofarchitekt. Geboren in Bamberg, studierte Küchel im Auftrag des Fürstbischofs auf unzähligen Reisen die Baukunst des Rokoko. Sein Reisetagebuch gilt als eine der umfassendsten Reisebeschreibungen vom Anfang des 18. Jahrhunderts. Küchel avancierte als Meister des Rokoko neben Leonhard Dientzenhofer und Balthasar Neumann zum dritten großen Bamberger Architekten. Da die großen Bauvorhaben des 18. Jahrhunderts bereits von seinen Vorgängern vollendet worden sind, galt sein besonderes Interesse Fassaden und deren Dekoration.

Blick von der Oberen Brücke auf Schloss Geyerswörth

de Instandsetzung durch Johann Jakob Michael Küchel verlieh dem Schloss sein heutiges Aussehen. Seit 1904 gehört es der Stadt Bamberg. Im Innenhof brachte der Rat das Original des Stadtwappens aus der Rokokozeit an, geschaffen vom Bamberger Bildhauer Joseph Bonaventura Mutschele, das vorher am Alten Rathaus hing. Es zeigt Ritter Georg mit Adlerschild. Heute dienen die Gebäude als Rathaus und Stadtverwaltung. Im 1984 restaurierten Renaissancesaal finden festliche Empfänge statt, während der Innenhof ein stimmungsvolles Ambiente für Veranstaltungen bietet.

20 | Lichtskulptur »Brandmal«

»Brandmal«

Das ungewöhnliche Denkmal am Nordflügel des Schlosses in der Nähe des Brucknersteges erinnert an die Bamberger Hexenverfolgung im 16. und 17. Jahrhundert. 25 Zentimeter über dem historischen Kopfsteinpflaster schwebt eine 7 x 3 Meter große, rostige Stahlplatte mit orangefarbenen Aussparungen, die mit Acrylglas unterlegt sind und von unten angestrahlt werden. Sie symbolisieren Brandmale auf der Haut der Stadt. Bei Dunkelheit leuchten die Brandmale wie der Feuerschein von Scheiterhaufen. Das im Jahr 2015 nach einem Künstlerwettbewerb installierte Werk wurde von Miriam Giessler und Hubert Sandmann aus Essen für ihre »zweite Heimat Bamberg« geschaffen. Es erhellt eines der dunkelsten Kapitel in der Geschichte der Stadt.

Hexenverfolgung
Die im 16. und 17. Jahrhundert in Europa übliche Verfolgung vermeintlicher Hexen und Magier erreichte in Bamberg extreme Ausmaße, unterstützt durch die Verflechtung kirchlicher und weltlicher Macht der Fürstbischöfe. Zwischen 1590 und 1630 wurden etwa 1000 Menschen hingerichtet. Als grausamer »Hexenbrenner« ging der Bamberger Fürstbischof Johann Georg II. Fuchs von Dornheim in die Geschichte ein. Er benutzte die Prozesse zur Vernichtung politischer Gegner und als Instrument der Gegenreformation. Erst der Einspruch des Reichshofrates und die Besetzung durch die Schweden 1632 setzten der Massentötung ein Ende.

21 | Gerberhäuser

Bevor der Alte Kanal die Obere Brücke erreicht, stehen rechter Hand Zeugnisse einer alten Handwerkszunft: zwei Gerberhäuser. Ihre Geschichte reicht bis ins 15. Jahrhundert zurück. Die Gerber gehörten zu den ältesten Gewerken Bambergs. Seit Anfang des 14. Jahrhunderts bis ins 19. Jahrhundert gerbten sie in den Lohgruben (gefüllt mit Wasser und Eichenrinde) an der Regnitz die Tierhäute zu Leder. Auf den langen Galerien und den Trockengeschossen unter den spitzen, hohen Dächern der Häuser wurden die Häute zum Trocknen aufgehängt, in großen Räumen gelagert und in den Werkstätten weiterverarbeitet. Im ersten Geschoss des linken Hauses sind zwei Fenster mit spitzen Bögen zu erkennen. Sie gehören zu einem historischen Gewölberaum, wahrscheinlich der einstigen Hauskapelle.

22 | Altes Rathaus

Sammlung Ludwig Di–So 10–16.30 Uhr

Gegenüber dem Eingang von Schloss Geyerswörth bietet der Geyerswörthsteg wunderschöne Ausblicke: auf der einen Seite zurück ins Mühlenviertel, auf der anderen zum berühmten Alten Rathaus. Es ist ein architektonisches Kuriosum und malerisches Wahrzeichen der Stadt. Der Überlieferung nach wollte der Bischof den Bürgern im Mittelalter keinen Platz für ihr Rathaus zugestehen. Also rammten die gewitzten Bamberger Hunderte Eichenpfähle in die Regnitz und errichteten auf der Grenze von bürgerlicher Inselstadt und bischöflicher Bergstadt eine künstliche Insel für ihr Ratsgebäude. An beiden Seiten führen zwei Brücken zu den Ufern. Die Bamberger sprechen deshalb auch von ihrem Insel- oder Brückenrathaus. Der Brückenturm steht seit 1385, zwei Jahre später wurde das Rathaus erstmals schriftlich erwähnt. Nach Zerstörung durch Brand entstand es 1461/67 neu. Aus dieser Zeit blieb das markante Fachwerkhaus an der Südseite des Brückenturmes in seiner ursprünglichen Form erhalten – das Rottmeisterhäuschen, in dem einst die Führer der Wachen (»Rotten«) Unterkunft fanden.

1744/56 erlebte das Rathaus durch Johann Jakob Michael Küchel eine repräsentative Umgestaltung im Stil von Barock und Rokoko. Dabei wurde der Brückenturm um ein Geschoss mit Laternenhaube erhöht sowie mit schwungvollen Balkonen und Wappenreliefs von Joseph Bonaventura Mutschele versehen. Die Längsfassaden des zweigeschossigen Hauptbaus erhielten farbenprächtige Fresken, 1755 von Johann Anwander geschaffen und 1959/62 von Anton Greiner rekonstruiert. Im Stil der Illusionsmalerei zeigen sie allegorische Szenen und Figuren, aber auch Kurioses: An der Inselseite ragt ein Puttenbeinchen aus dem Fresko heraus. Im ersten Stock des Gebäudes beeindruckt ein repräsentativer Rokokosaal, der für Empfänge und Festsitzungen genutzt wird.

Seit 1995 ist im Alten Rathaus die weltbekannte Sammlung Ludwig zu besichtigen. Ihre kostbaren Porzellane und Fayencen – Figuren, Terrinen, Duftgefäße und Tafelservice – demonstrieren das prunkvolle Leben und die Tafelkultur des 18. Jahrhunderts. Anschaulich gezeigt wird die Entwicklung des Meißener Porzellans. Unter den Straßburger Fayencen beeindruckt eine seltene Terrine in Form eines Truthahns mit enormer Größe und naturgetreuer Bemalung.

Rokokosaal

23 | Obere Brücke

Auf sieben Hügeln erstreckt sich die **Bergstadt** als »fränkisches Rom« von den bürgerlichen Ansiedlungen im Sandgebiet hinauf zu den prächtigen Kirchen. Auf dem Domberg befand sich um 900 die Keimzelle Bambergs, und später das Machtzentrum der Fürstbischöfe. Die Türme des Domes bestimmen neben dem Stephansberg mit St. Stephan, dem Jakobsberg mit St. Jakob, dem Michaelsberg mit dem Kloster St. Michael (in seinem Schatten der Abtsberg), dem Kaulberg mit der Oberen Pfarre und dem Altenburger Berg mit der Altenburg die berühmte Kulisse Bambergs. Mit ihrer Vielfalt bildet die Bergstadt einen Teil des Welterbes.

Direkt durch den Turm des Rathauses führt die Obere Brücke von der **Bergstadt** zur Inselstadt. Seit dem 12. Jahrhundert befand sich hier eine der ältesten steinernen Gewölbebrücken nach der Antike. Ihr Turm besaß eine Sturmglocke, die dem Schutz der Stadt diente. Nach Zerstörung durch Hochwasser entstand 1453/56 die jetzige Brücke. Sie wurde 1901/13 lediglich verbreitert. Die eindrucksvolle Kreuzigungsgruppe über dem Mittelpfeiler ist ein Werk des Bildhauers Leonhard Gollwitzer aus dem Jahr 1715. Ihr gegenüber steht der Heilige Nepomuk – eine Statue aus dem 18. Jahrhundert von Johann Caspar Metzner.

Auf dem Weg zum Obstmarkt bieten hohe Bürgerhäuser mit historischen Fassaden, Restaurants und kleinen Läden interessante Überraschungen. Zum Beispiel das 1444 erstmals urkundlich erwähnte »Mohren-Haus« (Obere Brücke 14). Seit 1637 trägt es den Namen »Zum Mohren«, dessen Abbild über dem Portal hängt. Am Eingang verspricht die klassizistische Apotheken-Einrichtung von 1810 besondere Erlebnisse beim Einkauf vieler schöner Dinge in verwinkelten Räumen auf zwei Etagen.

24 | Am Kranen

Fahrgastschifffahrt Mitte Apr.–Mitte Okt. stündlich 11–16 Uhr, www.personenschiffahrt-bamberg.de

Portal am Alten Schlachthaus

Weithin sichtbar erinnern zwei eiserne Ladekräne an den alten Hafen, in dem seit dem 14. Jahrhundert Schiffe be- und entladen wurden. Sie fuhren flussabwärts über Main und Rhein bis in die Niederlande, ab 1846 auf dem Ludwig-Donau-Main-Kanal auch flussaufwärts bis zur Donau. Die Kaianlagen inmitten der Stadt waren ein bedeutender Warenumschlagplatz. Erst 1912 ging weiter nördlich der neue Prinz-Ludwig-Hafen in Betrieb. Ab 1958 entstand am neuen Main-Donau-Kanal ein moderner bayerischer Landeshafen.

Der alte Hafen ist längst ein Ort der Beschaulichkeit. Hier befindet sich die Anlegestelle der Personenschifffahrt für Rundfahrten auf der Regnitz und dem Main-Donau-Kanal, auch eine dreistündige Drei-Flüsse-Rundfahrt startet hier. Nebenan liegt der 1741/42 erbaute, barocke Sandsteinbau des Alten Schlachthofes, des ersten Bamberger Schlachthauses für Großviehschlachtung. Als markantes Erkennungszeichen trägt es am Giebel über dem Hauptportal einen steinernen Ochsen mit

Balthasar Neumann
1687–1753, bedeutender Baumeister des Barocks und Rokoko in Süddeutschland. Nach dem Studium der Geometrie, Architektur, Feldmesserei und Festungsbaukunst wurde Neumann 1719 als Artillerie-Hauptmann und Ingenieur zum fürstbischöflichen Baudirektor in Würzburg berufen. Mit der Planung der Residenz Würzburg und als Baudirektor des Domkapitels erlangte er eine dominierende Stellung und war später auch als Baudirektor für das Bistum Bamberg zuständig. Zu seinen Werken in Bamberg gehören Neue Residenz, Neues Rathaus, Domkapitelhaus, Bürgerspital St. Michael. Neumann schuf auch in der Region zahlreiche Schlösser, Brücken, Kirchen und Klöster.

echten Hörnern. Die Arkaden des Untergeschosses wurden in die Regnitz hineingebaut, sodass die Fleischabfälle direkt in den Fluss gelangten und fortgespült wurden. Nicht weit entfernt steht das Bamberger Hochzeitshaus. Es wurde Anfang des 17. Jahrhunderts im Renaissancestil von der Stadt für die Bürger errichtet und konnte für Feste wie Hochzeiten und Taufen gemietet werden. Im Mittelalter befand sich an seiner Stelle das Gasthaus »Zum Wilden Mann«, in das 1540 Albrecht Dürer eingekehrt sein soll. Sowohl Schlacht- als auch Hochzeitshaus gehören heute zur Universität.

25 | Untere Brücke

Vor der Unteren Brücke begegnet man einer modernen Großskulptur: »Centurione I« – die 1987 entstandene Bronzeplastik des Bildhauers Igor Mitoraj, die 2002 von der Stadt Bamberg angekauft wurde. Die Untere Brücke verbindet, parallel zur Oberen Brücke, die Inselstadt mit dem Rathaus und der Bergstadt. Anstelle der schmucklosen Betonbrücke von 1967 gab es früher eine schöne Barockbrücke. Sie wurde 1739 nach einem Entwurf von **Balthasar Neumann** erbaut und bereits 1784 von einem gewaltigen Hochwasser mit Eisgang zerstört. Dabei gingen auch fünf ihrer sechs Brückenfiguren verloren. Nur Kaiserin Kunigunde, geschaffen um 1744/45 von Johann Peter Benkert, Bildhauer in Bamberg und später Potsdam, blieb erhalten. Die heutige Statue ist eine Kopie. Das Original steht in der Kirche St. Jakob.

Nebenan befindet sich das blau leuchtende Hellerhaus. Hier wohnte der in Bamberg bekannte Heimatforscher, Privatgelehrte der Kunstgeschichte und Kunstsammler Joseph Heller (1798–1849), der seine umfangreiche, kostbare Sammlung der Königlichen Bibliothek (heute Staatsbibliothek Bamberg) vermachte. An warmen Sommerabenden ist die Brücke ein beliebter Treffpunkt für Besucher und Einheimische, vor allem Studenten. Von der Brüstung aus eröffnen sich wundervolle Blicke auf den Fluss und die idyllische Zeile der dicht gedrängten Fachwerkhäuser von Klein Venedig, der ehemaligen Fischer- und Schiffersiedlung am rechten Regnitzufer (siehe S. 61).

Oben: »Centurione I«
Rechts: Brückenskulptur der Kaiserin Kunigunde

26 | Dominikanerkloster

Am anderen Ufer der Regnitz geht es in die Bergstadt. Zu Füßen des Domes fällt die helle Dominikanerkirche auf. Sie gehört zum ehemaligen Dominikanerkloster, das im 14. Jahrhundert entstand. Die um 1400 errichtete Klosterkirche wurde im 17. und 18. Jahrhundert umgebaut und barock ausgestaltet. Heute wird sie von der Universität als Aula genutzt. In den ehemaligen weitläufigen Klostergebäuden (erbaut 1732/43 von Justus Heinrich Dientzenhofer) befindet sich heute das Staatliche Bauamt. Einige Räumlichkeiten der Dominikanermönche gehören inzwischen zum Wirtshaus der bekannten historischen Rauchbierbrauerei »Schlenkerla« (siehe S. 62). In der Umgebung entdeckt man in engen, verwinkelten Straßen und kopfsteingepflasterten Gassen gemütliche Wirtshäuser, originelle Lädchen und idyllische Plätze.

Schon im 12. Jahrhundert besaß Bamberg eine große **jüdische Gemeinde**, die zu den bedeutendsten in Deutschland gehörte. Nach Pestpogromen wurden die Juden Ende der 1470er Jahre aus dem gesamten Hochstift Bamberg ausgewiesen. Mitte des 19. Jahrhunderts gab es wieder knapp 90 jüdische Familien. Mit Industrialisierung und Einführung der bayerischen Gewerbefreiheit wuchs die Gemeinde rasch an. Mit der NS-Machtübernahme 1933 setzte die Verfolgung und Vernichtung der Juden ein. Die 1908/10 errichtete Synagoge wurde im November 1938 zerstört. Heute leben in Bamberg wieder rund 900 jüdische Bürger.

27 | Pfahlplätzchen

Am Pfählplätzchen befand sich im Mittelalter das Viertel der **Juden**. Der sogenannte Judenhof mit Brunnen war umgeben von Wohngebäuden, einer vor 1220 errichteten Synagoge, Tanzhaus, Talmudschule und Mikwe. Hier lebte bis zur Vertreibung im 15. Jahrhundert eine bedeutende jüdische Gemeinde. Anschließend zogen bischöfliche Hofbeamte in die Häuser, die Synagoge wurde zur christlichen Kapelle. Das architektonische Ensemble des Judenhofes existierte bis ins 18. Jahrhundert. Erst ab 1766 erhielt der Platz seine heutige Gestalt. Seit 1782 ist die Bezeichnung »Pfahlplätzchen« bekannt. Er wird geprägt von barocken Gebäuden. An der Nordseite steht das Haus zum St. Laurentius, einst Wohnsitz fürstbischöflicher Repräsentanten, entstanden um 1700 durch Zusammenfassung dreier Gebäude aus dem Hochmittelalter. Sein Name von 1575 geht zurück auf die damalige Gasse, die zum »Hof zum Hl. Laurentius« am Domplatz führte.

Gegenüber befindet sich das »Haus zum Krebs« mit schönem Erker und einem Krebs über dem Portal. Die barocke Ausstattung stammt von 1715. Hier wohnte 1807/08 **Georg Wilhelm Friedrich Hegel**, als er Chefredakteur der Bamberger Zeitung war, die in diesem Haus saß. Nebenan war ehemals die Judenschule. An diese grenzte die Synagoge. Nach ihrem Abriss 1470 entstand an gleicher Stelle eine Marienkapelle. Nach der Säkularisierung 1803 diente sie u. a. als Lagerraum und Turnhalle und war 1946 bis 2008 Christuskirche der Baptistengemeinde.

Georg Wilhelm Friedrich Hegel

1770–1831, Philosoph. Hegel studierte ab 1788 evangelische Theologie und Philosophie in Tübingen und lehrte ab 1801 in Jena. Nach Schließung der Jenaer Universität kam er 1807 nach Bamberg und übernahm die Bamberger Zeitung. In dieser Zeit erschien sein erstes Hauptwerk, die »Phänomenologie des Geistes«. Nach Konflikten mit dem bayerischen Pressegesetz verließ Hegel 1808 Bamberg, wurde Professor und Rektor des angesehenen Egidiengymnasiums in Nürnberg und 1816 Professor an der Universität Heidelberg, ab 1818 Professor und 1828 Rektor der Berliner Universität.

»Haus zum Krebs«

28 | Böttingerhaus

Die schmale Judenstraße wird gesäumt von prächtigen barocken und schlicht verputzten Hausfassaden, darunter die ehemalige Brauerei zum Blauen Löwen (bereits 1472 Brauhaus), die Brauerei Polarbär, die Alte Münze, das »Haus zur Trommel« und das »Haus zum Einhorn« (Filmkulisse für »Das Sams« nach den Büchern des Bamberger Autors Paul Maar).

Am Ende erhebt sich rechter Hand das Böttingerhaus – ein prunkvolles, barockes Stadtpalais. Hofrat Ignaz Michael Tobias Böttinger (1675–1730), ein hoher bürgerlicher Beamter unter Fürstbischof Lothar Franz von Schönborn, ließ es 1707/13 nach dem Vorbild italienischer Palazzi bauen. Er demonstrierte damit den Aufstieg des wohlhabenden, weltgewandten Bürgertums im 18. Jahrhundert. Bereits drei Jahre nach Fertigstellung des Stadtpalastes ließ sich Böttinger ein zweites, noch repräsentativeres Wohnhaus errichten: das prächtige Wasserschloss am Regnitzufer, die jetzige Villa Concordia (siehe S. 21). Das Böttingerhaus zählt heute zu den bedeutendsten bürgerlichen Barockbauten in Süddeutschland. Hinter der reich dekorierten Fassade befinden sich ein beeindruckendes Treppenhaus, aufwendig ausgestattete Räume, ein schöner Innenhof und terrassenförmige Gärten, die sich an den Stephansberg schmiegen. Das Gebäude wird als Kunstgalerie genutzt und ist nicht öffentlich zugänglich.

Antonio Petrini
1631–1701, Baumeister italienischer Abstammung. Petrini verband den italienischen Barock mit deutscher Renaissance und führte den fränkischen Barock ein. Zu seinen Werken gehören Kirchen und Profanbauten, die für die Barockarchitektur wegweisend waren, u.a. das fürstbischöfliche Sommerschloss Seehof bei Bamberg. Ab 1660 wirkte Petrini in Würzburg und strahlte von dort auch nach Bamberg aus. So plante er für die Vollendung der Stephanskirche einen ähnlichen Kuppelbau wie bei seinem monumentalen Stift Haug in Würzburg. Diese Idee blieb jedoch unverwirklicht.

29 | St. Stephan

Sommer 9–18 Uhr, Winter 9–17 Uhr

Die Stephanskirche auf dem Stephansberg feierte im Jahr 2020 ihr 1000-jähriges Jubiläum. Der Legende nach stiftete Kaiserin Kunigunde den Bau der Kirche des vor 1009 gegründeten Kollegiatstifts St. Stephan. Im Jahr 1020 wurde das Gotteshaus von Papst Benedikt VIII., der zu Besuch in Bamberg weilte, geweiht. Damit ist sie eine von zwei von einem Papst geweihten Kirchen nördlich der Alpen. Die ursprüngliche Kirche steht jedoch nicht mehr. Ältester erhaltener Teil ist der aus dem 13. Jahrhun-

Oben: St. Stephan
Rechts: Obere Pfarre

dert stammende romanische Turm. Das jetzige Bauwerk entstand im 17. Jahrhundert. Der Bamberger Baumeister Giovanni Bonalino begann 1626 mit dem Neubau des Chores, der wegen des Dreißigjährigen Krieges unvollendet blieb. Erst 1678/81 vollendete **Antonio Petrini** den Kirchenbau in griechischer Kreuzform – Westflügel und Querhaus bilden mit dem Chor ein gleicharmiges Kreuz, wobei der Grundriss aus dem 11. Jahrhundert beibehalten wurde. Kunstvolle Stuckarbeiten verzieren die hohen Gewölbedecken. In der Mitte zeigt ein Deckenrelief von 1688 das Martyrium des Hl. Stephan. 1808 ging die säkularisierte Kirche an die evangelische Gemeinde über. Bei der Renovierung 1987 erhielt ihr Innenraum eine helle, lichte Gestaltung. Bildhauer Jürgen Goertz (geb. 1939) schuf die moderne Insel mit Altar, Taufstein und Kanzelpult, zeitgenössische Plastiken wurden aufgestellt. Der barocke Orgelprospekt erhielt 2003/08 eine neue Orgel. So bildet St. Stephan ein wirkungsvolles Ambiente für hochkarätige Kunstausstellungen, Konzerte und Theateraufführungen.

Nur rund einhundert Meter von St. Stephan entfernt, in der engen Steige Eisgrube, steht das Haus Nr. 14 mit Bambergs berühmtestem Türknauf, dem **Apfelweibla**.

Das **Apfelweibla** (siehe Umschlag) wurde zum Vorbild für E.T.A. Hoffmanns Apfelweib im Märchen »Der goldene Topf«. Der Theater-Musikdirektor besuchte oft seinen Freund Carl Friedrich Kunz, später Verleger und Weinhändler, dessen Haus ein Treffpunkt von Musikern, Schauspielern, Schriftstellern und Gelehrten war. Kein Wunder, dass Hoffmanns Fantasie nach feuchtfröhlicher Runde vom geheimnisvoll kauzigen Türklopfer gespenstisch beflügelt wurde. Das Original befindet sich längst im Historischen Museum am Domplatz. Kopien gibt es in Bamberg inzwischen viele, übrigens auch als Souvenir. Die wohl schönsten findet man gleich um die Ecke im »Haus zur Trommel«, Judenstraße 17, als Kupferförmchen, Porzellandöschen oder Schokopralinen.

30 | Obere Pfarre

Sommer 9–18 Uhr, Winter 9–17 Uhr

Auf dem Frauenplatz am Kaulberg thront die gewaltige katholische Pfarrkirche »Unsere Liebe Frau«. Seit jeher wird sie auch einfach Obere Pfarre genannt, im Gegenzug zur Unteren Pfarre, wie die abgerissene Kirche Alt-St. Martin auf dem heutigen Maximiliansplatz hieß. Die dreischiffige, hochgotische Pfeilerbasilika aus dem 14. Jahrhundert ist der einzige rein gotische Kirchenbau Bambergs. 1338 begann der Bau des Langhauses (1387 geweiht). Das schöne Brautportal mit offener Vorhalle an der Nordseite des Kirchenschiffes entstand 1380/90. Seine gotischen Skulpturen verkörpern die klugen und die törichten Jungfrauen. Einst segnete hier der Priester das Brautpaar und streifte ihm die Eheringe an, bevor es in die Kirche einzog.

Blick zum barocken Hochaltar der Oberen Pfarre

Erst ab 1392 entstand der hoch aufragende gotische Chor mit dem Chorumgang, mehreren Kapellen und dem steinernen Sakramentshaus (1430). Wahrscheinlich war der Kirchenbau um 1450 im Wesentlichen beendet, der mehr als 60 Meter hohe Turm mit dem Aufbau für die Türmerwohnung erst 1537/38. Der Anbau an der Westseite der Kirche stammt aus spätgotischer Zeit (laut Inschrift 1502) und zeigt eine Ölberggruppe.

Der Innenraum wurde Anfang des 18. Jahrhunderts barock überformt. Davon zeugen im Mittelschiff die Flachdecke (anstelle des früheren Tonnengewölbes) mit imposanten Gemälden, die zahlreichen Stuckverzierungen sowie der prächtige Hochaltar, eine Stiftung des Fürstbischofs Lothar Franz von Schönborn. Der 1714 geweihte Altar im Hochchor der Kirche zeigt einen himmlischen Thronsaal, in dessen Mittelpunkt Maria mit dem Jesuskind. Die Figur aus Nussbaumholz von 1300 wird bis heute als Gnadenbild verehrt. Der Orgelprospekt auf der Westempore entstand 1758/60. Nahezu unberührt erhalten blieb der gotische Chorumgang. Von den kostbaren Kunstwerken ist das Gemälde »Die Himmelfahrt Marias« von Jacopo Tintoretto aus dem 16. Jahrhundert hervorzuheben. Es befindet sich an der Westseite des südlichen Seitenschiffes.

31 | Bamberger Dom

Besichtigung Mo–Mi/Sa ab 9 Uhr, Do/Fr ab 9.30 Uhr, So ab 13 Uhr, **Führungen** Mo–Sa 10.30/14 Uhr, So 14 Uhr (Mai–Okt. jeweils zusätzlich 15 Uhr)
Orgelkonzert Mai–Okt.: Sa 12–13 Uhr

Der weitläufige Domplatz bietet vier Stilepochen europäischer Baukunst: die Romanik und Gotik des Domes, die Renaissance der Alten Hofhaltung, den Barock der Neuen Residenz. Am Ort des alten Castrum Babenberch gründete König **Heinrich II.**, der spätere Kaiser Heinrich II., im Jahr 1007 das Bistum Bamberg. Schon zuvor, im Jahr 1004, hatte er mit dem Bau einer Kirche begonnen, die als Heinrichsdom in die Geschichte einging. Diese Bischofskirche war eine dreischiffige Säulenbasilika mit dem Hauptchor im Westen, einem zweiten Chor im Osten, zwei gedrungenen Türmen an der Ostseite. Vorbild war die Grabeskirche des Hl. Petrus in Rom. Am 6. Mai 1012, dem Geburtstag des Königs, fand die feierliche Weihe zu Ehren von Petrus, Maria und Georg statt – ein großes Ereignis in Anwesenheit von 45 Bischöfen und anderen, auch ausländischen Würdenträgern. Der Dom sollte ein sichtbares Zeichen

Heinrich II.
973 (oder 978)–1024, Kaiser. Der Ottone war als Heinrich IV. in den Jahren 995–1004 und 1009–1017 Herzog von Bayern. 1002 wurde er zum König von Ostfranken und 1004 zum König von Italien gekrönt. 1014 erhob ihn der Papst zum römisch-deutschen Kaiser. Er gründete 1007 das Bistum Bamberg und schuf sich damit angesichts der kinderlosen Ehe mit Kunigunde eine herrschaftsmäßige Memoria. Heinrich stiftete dem Bistum Reliquien, Bücher, Gold, Silber, Edelsteine und umfangreiche Güter. Nach seinem Tod wurde der Kaiser hoch verehrt, 1146 seine Heiligsprechung erreicht.

des Machtanspruchs setzen. Heinrich und seine Gemahlin **Kunigunde** präsentierten mit ihm das Bistum Bamberg als einen »Mittelpunkt der christlichen Welt« neben Rom.

Bereits 1081 vernichtete ein Feuer die kostbare Ausstattung und etwa 100 Jahre später – 1185 – ein zweiter verheerender Brand fast die gesamte Kirche. Danach wurde der Bau eines neuen, noch großartigeren Gotteshauses geplant – als lebendiger Erinnerungsort an den 1146 heiliggesprochenen Kaiser Heinrich II. und als prachtvolle Bischofskirche. Damit entstand der heutige Dom, das Wahrzeichen von Bamberg. 1237 erfolgte die Weihe der Kathedrale St. Peter und Georg.

Die Außenansicht dieses großartigen Bauwerkes wird geprägt von der Architektur der späten Romanik und der frühen Gotik um die Wende vom 12. zum 13. Jahrhundert. Der älteste, der romanische Teil, liegt dem Domplatz und der Stadt zugewandt: die halbkreisförmige Ostapsis des Ostchores (Georgenchor) aus der Zeit um 1200, mit Rundbogenfenstern und reichen Ornamenten. Unter dem mittleren Fenster fällt ein kleines, kreisrundes Loch auf. Dahinter befand sich ein Schrank mit dem Schädel der Hl. Kunigunde. Durch die Maueröffnung soll die Heilskraft der Kopfreliquie über die Stadt gekommen sein. Die beiden 76 Meter hohen romanischen Osttürme beherbergen die **Domglocken**. Zu Füßen der Türme führen zwei Portale ins Innere.

Kunigunde von Luxemburg
Um 980–1033, Kaiserin. Die Tochter des Grafen Siegfried I. von Luxemburg heiratete kurz nach 995 den bayerischen Herzog Heinrich IV., an dessen Seite sie 1014 zur Kaiserin gekrönt wurde. Mit Stiftungen und Schenkungen sorgte sie für die Memoria des Herrscherhauses. Nach Heinrichs Tod führte Kunigunde zwei Monate die Reichsgeschäfte. Ein Jahr später ging sie in das von ihr gegründete Kloster Kaufungen bei Kassel. Aufgrund einer Legende, nach der sie auf Anschuldigung wegen Ehebruchs über glühende Pflugscharen schritt und unverletzt blieb, wurde sie im Jahr 1200 heiliggesprochen.

Die Adamspforte auf der linken Seite ist das älteste Domportal und war früher der Hauptzugang zum Dom. Unter Zickzackfriesen stehen sechs Skulpturen (1229, Originale im Diözesanmuseum). Sie verkörpern rechts von außen nach innen: Eva und Adam (die frühesten lebensgroßen Aktfiguren der deutschen Kunst) und den Dompatron Petrus. Links von außen nach innen: der Hl. Stephanus, Kunigunde mit dem Modell der gestifteten Stephanskirche sowie Heinrich als Bistumsgründer und Kaiser mit Zepter und Reichsapfel. Die Gnadenpforte (auch Marienpforte) rechtsseitig der Apsis wurde bei feierlichen Anlässen genutzt. Sie zeigt im Bogenfeld über der Tür die Muttergottes, die Dompatrone Apostel Petrus und Ritter Georg sowie das Kaiserpaar Heinrich und Kunigunde. Vor den Portalen hocken zwei Sandsteinlöwen, die »Domkröten«. Diese Bezeichnung kommt von den

»Domgreden«, den Domstufen, auf denen einst Gericht, das »Gredgericht«, gehalten wurde.

An der Nordseite – zum Domplatz und der Bischofsresidenz gewandt – beeindruckt das prächtige Fürstenportal (siehe S. 48). Es war das Haupttor für den feierlichen Einzug der Fürstbischöfe. Das Tympanon zeigt eine bemerkenswerte plastische Darstellung des Jüngsten Gerichts. Die Verzweiflung in den Gesichtern der Verdammten und die Freude der Seligen gelten als eine der frühesten Darstellungen von Gefühlen in der europäischen Kunst. In den Trichtergewänden stehen übereinander die Propheten des Alten Testaments und die Apostel des Neuen Testaments. Die zwei Frauengestalten rechts und links des Portals zählen zu den Höhepunkten gotischer Bildhauerkunst. Sie verkörpern den Alten und den Neuen Bund: Synagoge stellt das Judentum, Ecclesia das Christentum dar. Die Augenbinde der Synagoge deutet an, dass sie Christus nicht sieht. Ihr Stab ist gebrochen, die Gesetzestafeln entgleiten, während die gekrönte Ecclesia für den gültigen Neuen Bund steht. Die Originalskulpturen aus der Zeit um 1225/27 stehen im südlichen Seitenschiff am Ostchor.

Die beiden Westtürme (74 Meter hoch) entstanden erst ab etwa 1230 und zeigen deutlich den Einfluss der französischen Gotik. Auffallend sind die Turmgeschosse mit hohen Spitzbögen und offenen Ecken des Mauerwerkes in tabernakelartigen Aufbauten aus vier schlanken Säulen. Aus den Tabernakeln blicken Ochsen und Esel – die Lasttiere beim Dombau. Sie werden auch »Domkühe« genannt (Originale im Diözesanmuseum).

Der Innenraum des Domes wurde mehrfach erneuert und umgestaltet. Die farbigen Fenster wurden mit der Barockisierung ab 1611 entfernt, die Wände hell gefasst, Pfeiler und Gurtbögen dagegen dunkel abgesetzt. 1648/53 erhielt der gesamte Innenraum eine mittlere Sichtachse, die Lettner vor dem Ost- und dem Westchor verschwanden, neue Hochaltäre wurden errichtet. Nach der Säkularisierung ging der Dom in den Besitz des Königreiches Bayern über. König Ludwig I. von Bayern beauftragte 1826 die radikale Purifizierung, um das romanische Erscheinungsbild wiederherzustellen. Die Ausmalung wurde entfernt, die barocken Hochaltäre, Figuren und Gemälde wurden zerstört oder verkauft. Heute bestim-

Domglocken

In den beiden Osttürmen hängen insgesamt zehn Glocken. Am berühmtesten sind die zwei Kaiserglocken im Nordostturm: Kunigundenglocke (ca. 1185–1237, größte noch existierende Bienenkorbglocke) und Heinrichsglocke (1311, mit mehr als 5 Tonnen die größte und schwerste Glocke). Im Südostturm befinden sich weitere 8 Glocken: Armeseelenglocke (um 1200), Messglocke (um 1300), Marienglocke (1735), Apostelglocke (1886) sowie Georg-, Peters-, Otto- und Michaelsglocke (alle 1972). Gesteuert über einen Läutecomputer der Domuhr, schlägt die Heinrichsglocke jeweils zur vollen Stunde.

Links: Blick zum Ost- bzw. Georgenchor und Kaisergrab

men die sandfarbenen Steinquader der Wände und eine helle Lichtführung die schlichte Atmosphäre der Kirche.

Betritt man den Dom durch die Marien- bzw. Gnadenpforte, gelangt man zum hochgelegenen Ost- bzw. Georgenchor. Er ist auf beiden Seiten durch hohe Mauern, sogenannte Schranken, von den Seitenschiffen getrennt. An seinen Wänden zeigen funktionslose Wandvorlagen an, dass sie ursprünglich eine traditionelle hölzerne Flachdecke tragen sollten, schließlich jedoch ein modernes steinernes Gewölbe errichtet wurde. Das Chorgestühl entstand um 1300, wurde 1370 erweitert und 1572 umgestaltet. Aus der Halbkuppel der Apsis blickt Christus als Weltenrichter herab. Das Fresko wurde 1928 vom Münchener Maler Karl Caspar geschaffen. Unter dem Chor liegt die Ostkrypta. Die dreischiffige Halle gilt als der schönste erhalten gebliebene romanische Sakralbau Bambergs und ist nur bei bestimmten Gottesdiensten zugänglich.

Direkt vor dem Ostchor im Mittelschiff befindet sich das berühmte Kaisergrab – hier ist das heilige Kaiserpaar Heinrich II. und Kunigunde bestattet. Das marmorne Hochgrab entstand 1499–1513 in der Werkstatt von **Tilman Riemenschneider**. Ihm wird die gewaltige Grabplatte mit den liegenden Herrscherfiguren zugeschrieben. Die Reliefs an den Seiten, entstanden unter Mitwirkung von Gesellen, erzählen fünf berühmte Legenden.

Eine der bekanntesten frühgotischen Skulpturen ist der Bamberger Reiter. Er steht neben dem Ostchor, hoch erhoben auf einer Konsole am nördlichen Pfeiler. Die um 1230 entstandene Skulptur ist die älteste erhaltene mittelalterliche Reiterplastik. Gefertigt aus Sandsteinblöcken und ursprünglich bemalt, stellt sie lebensecht einen Herrscher auf seinem Pferd dar. Die Krone weist auf einen König, der Baldachin auf einen Heiligen hin. Die dargestellte Person ist nicht bekannt. Vermutlich handelt es sich um König Stephan I. von Ungarn.

Die Kanzel entstand 1835/36 im Rahmen der Purifizierung und neoromanischen Ausstattung. Das langgestreckte Mittelschiff führt zur erhöhten Altarinsel vor dem Westchor. Hier befindet sich der in den 1970er Jahren gestaltete Hauptaltar, der sogenannte Volksaltar, mit Altar, Altarkreuz, Ambo und Brüstungsgeländer des Münchener Bildhauers Klaus Backmund. Der West- bzw.

Tilman Riemenschneider
1460–1531, Bildschnitzer und Bildhauer. Als einer der bedeutendsten Künstler am Übergang von der Spätgotik zur Renaissance schuf Riemenschneider hauptsächlich Werke religiösen Inhalts. Geboren in Heiligenstadt (Eichsfeld), lebte er seit 1483 in Würzburg und führte dort eine florierende Werkstatt. Seinen ehrenvollsten und wohl bestbezahlten Auftrag erhielt er 1499 vom Bischofshof in Bamberg: die Gestaltung des neuen Kaisergrabmals im Dom. Es entstand virtuos ausgeführt in der mittleren Schaffensperiode Riemenschneiders und der Blütezeit seiner Werkstatt. Damit besitzt Bamberg eines der Hauptwerke des großartigen Meisters der Bildhauerkunst.

Links: Bamberger Reiter

Fürstenportal

Das **Bistum Bamberg** erlebte im Mittelalter unter Bischof Otto I. (1060–1139) eine Blütezeit. Nach tiefen Einschnitten infolge der Reformation im 16. Jahrhundert brachten erst die Fürstbischöfe der Barockzeit, zugleich Landesherren des Hochstifts mit mehr als 200 000 Einwohnern, neuen geistlichen und weltlichen Glanz nach Bamberg. Als Förderer von Kunst, Kultur und Wissenschaften, Klöstern, Armenhäusern und Hospitälern erlangten sie Bedeutung für ihre Zeit und die Nachwelt. Die Säkularisation 1802/03 beendete ihre weltliche Herrschaft. Das Hochstift Bamberg fiel an das Königreich Bayern.

Peterschor besitzt frühgotische Formen – Spitzbögen, schlanke Bündelpfeiler, Gewölberippen –, womit er sich deutlich vom romanischen Ostchor unterscheidet. Auffallend sind die hohen Chorschranken mit großen Arkadenreihen. Das dunkle Chorgestühl, dessen 66 Sitzbänke den Geistlichen des Domkapitels vorbehalten sind, zählt zu den schönsten in Süddeutschland. Es wurde von einem Meister aus dem Umfeld der Prager Bildhauerfamilie Parler geschaffen. Die eingearbeiteten Schnitzereien stammen von Ende des 14. Jahrhunderts. Figuren verkörpern Apostel, Heilige und Propheten.

Im Mittelpunkt des Westchores, umgeben vom Chorgestühl, steht die Kathedra, der Thron des Bischofs. Hinter ihm befindet sich das Hochgrab von Papst Clemens II. (1005–1047), der ab 1040 als Bischof Suitger in Bamberg residierte und 1046/47 Papst in Rom war. Auf eigenen Wunsch wurde er im Bamberger Dom beigesetzt – der einzige Papst mit Grabstätte nördlich der Alpen. Im 13. Jahrhundert entstand das Hochgrab aus Marmor. Seine Reliefs stellen die vier antiken Kardinaltugenden dar: Weisheit, Stärke, Mäßigung, Gerechtigkeit. Eine Skulptur von Papst Clemens, die ursprünglich auf dem Grab lag, findet man im Nordschiff des Ostchores. Unter dem Westchor wurde in den 1990er Jahren die Westkrypta des alten Heinrichsdomes, der älteste erhaltene Teil des Domes, freigelegt, u. a. die komplette nördliche Außenwand mit fünf originalen Rundbogenfenstern. In den Ruinen der Westkrypta entstand ab 1996 die Bischofsgrablege.

Einige wertvolle Altäre kamen Anfang des 20. Jahrhunderts in den (nahezu leer geräumten) Dom. So stehen im nördlichen Seitenschiff der spätgotische Kirchgattendorfer Altar aus der Zeit um 1510 und der Riemenschneider-Altar. Erst 1926 zusammengestellt, besitzt er Figuren aus dem frühen 16. Jahrhundert, die Riemenschneider zugeschrieben werden. Im nördlichen Querschiff vor dem Westchor steht der Mühlhausener Altar aus der Pfarrkirche von Mühlhausen (um 1500). Im südlichen Querschiff befindet sich der Veit-Stoß-Altar, ein Weihnachtsaltar des Nürnberger Bildhauers von 1523. Das Kunstwerk gelangte während der Reformation vom Nürnberger Karmelitenkloster in die Obere Pfarre von Bamberg und steht seit 1937 als Dauerleihgabe im Dom.

Die Orgel wurde 1977 von der Orgelbaufirma Rieger (Schwarzach) erbaut und 1997/98 überarbeitet. Orgelkonzerte oder Aufführungen des Bamberger Domchores, eines Knabenchores mit ca. 70 Sängern, bieten herausragende Kunsterlebnisse.

Kaisergrab

Skulpturen der Adamspforte

32 | Diözesanmuseum

Di–So 10–17 Uhr

An der Südseite des Domes befindet sich das Diözesanmuseum – untergebracht im 1731/33 von Balthasar Neumann erbauten Domkapitelhaus. In den Räumen und im Kreuzgang des Domes werden der Bamberger Domschatz sowie Skulpturen gezeigt. Besondere Kostbarkeiten der Ausstellung sind die Kaisermäntel des 11. Jahrhunderts: der berühmte Sternenmantel Heinrichs II., ein Geschenk aus Süditalien, mit eingestickten Sternzeichen am Himmelszelt und einer rühmenden Inschrift für Heinrich, sowie zwei Mäntel der Kaiserin Kunigunde. Die Gewänder des im Dom beigesetzten Papstes Clemens II., geborgen aus dem Papstgrab im Westchor, sind der älteste fast vollständig erhaltene Papstornat des 11. Jahrhunderts. Weiterhin werden Messgewänder, Kruzifixe, liturgische Geräte und Figuren von der Romanik bis zum Barock gezeigt. Beeindruckend: das gewaltige Domkreuz, das heute noch bei der Prozession an Fronleichnam von 18 Männern durch die Straßen Bambergs getragen wird. Im Kreuzgang stehen die Originalskulpturen des Fürstenportals und die sechs Figuren der Adamspforte aus dem 13. Jahrhundert.

33 | Alte Hofhaltung

Historisches Museum Apr.–Okt.: Di–So 10–17 Uhr; Nov.–März nur zu Sonderausstellungen

An der Nordseite des Domes schließt sich der Gebäudekomplex der Alten Hofhaltung mit alter Schmiede, Wohnhäusern, Kapellen und Stallungen an. Hier stand vor mehr als 1000 Jahren das Castrum Babenberch, eine um 900 erstmals erwähnte Burganlage der Babenberger, die Keimzelle von Bamberg. Heinrich IV. hatte bereits als junger Bayernherzog eine besondere Vorliebe für die Babenburg. Zur Vermählung mit Kunigunde von Luxemburg um 1000 übertrug er ihr die Burg als Heiratsgut. Im Jahr 1003 wurde die Anlage zur Königspfalz. Hier fand Heinrich mit seinem Gefolge königliche Gemächer, Wirtschaftsgebäude sowie eine Kirche mit der beachtlichen Größe von 13 x 20 Metern vor. Nach Gründung des Bistums 1007 ließ er einen repräsentativen Palas mit großem Reichssaal und zwei Kapellen errichten. Die Burg wurde Bischofssitz und diente Heinrich auch als Kaiserpfalz, wenn er sich in Bamberg aufhielt. Erst später residierten hier ausschließlich die mächtigen Bamberger Fürstbischöfe.

Innenhof der Alten Hofhaltung

Der heutige prächtige Renaissancebau entstand im 16. Jahrhundert unter Leitung des Bamberger und Bayreuther Hofbildhauers Erasmus Braun – ein Fürstenschloss der Bischöfe mit Ratsstube, umgeben von Fachwerkbauten für Wohn- und Wirtschaftszwecke. Ein Prachtportal am Domplatz, die »Schöne Pforte« von Bildhauer Pankras Wagner, bildete den repräsentativen Eingang. Im Relief über dem Bogen steht die Figur der Muttergottes, flankiert vom Kaiserpaar Heinrich und Kunigunde, den Dompatronen Petrus und Georg sowie den personifizierten Flüssen Main und Regnitz. Durch das Portal gelangt man in den schönen Innenhof. Er bildet auch das Ambiente für das spannende Open-Air-Spektakel »Licht und Schatten« – 1000 Jahre Stadtgeschichte mit Humor und Gänsehaut.

Heute befindet sich in der Alten Hofhaltung das Historische Museum. Es präsentiert Ausstellungen zu Geschichte und Kultur Bambergs von der Frühzeit bis zur Gegenwart: 100 Meisterwerke aus der Gemäldesammlung, Bürgerkultur des 19. Jahrhunderts, die Geschichte der Regnitz als Bambergs Lebensader, Leben und Geschichte der Juden in der Stadt. Zur Adventszeit gibt es eine sehenswerte Weihnachtsausstellung. Die Katharinenkapelle bietet Raum für Feiern und standesamtliche Trauungen.

34 | Neue Residenz

Apr.–Sep. 9–18 Uhr; Okt.–März 10–16 Uhr

An der Nordostseite des Domplatzes erhebt sich weithin sichtbar die Neue Residenz, der erste große Schlossbau des Absolutismus in Franken. Der Palast entstand in zwei Bauphasen über 100 Jahre hinweg und löste die Alte Hofhaltung als Bischofssitz ab. 1604–1612 wurden zunächst die beiden rückwärtigen Flügel im Renaissancestil errichtet. Hier ließ sich 1696 **Lothar Franz von Schönborn**, Fürstbischof von Bamberg sowie Kurfürst und Erzbischof von Mainz, eine spätbarocke Wohnung, das Kurfürstliche Appartement, einbauen. In Schönborns Auftrag entstanden 1697–1703 zwei weitere Residenzflügel. Baumeister Leonhard **Dientzenhofer** entwarf zum Domplatz hin zwei lange barocke Neubauten mit prachtvollen Fassaden. Der Stadt zugewandt erhielt der vordere Flügel den turmartigen Vierzehnheiligenpavillon. Die neuen Gebäude beherbergten das Fürstbischöfliche Appartement mit den Wohnräumen der Bischöfe sowie das Kaiserappartement als Gästewohnung für wichtige Amtsträger und einen möglichen Besuch des Kaisers. Nebenan liegt der Kaisersaal, der als das bedeutendste

Lothar Franz von Schönborn

1655–1729, seit 1693 Bischof von Bamberg, seit 1695 Kurfürst und Erzbischof von Mainz. Von Schönborn (und nach ihm sein Neffe Friedrich Carl) führte Bamberg nach dem Niedergang im Dreißigjährigen Krieg zu wirtschaftlicher Blüte. Als absolutistisch regierender Landesherr setzte er Reformen in Wirtschaft und Verwaltung durch. Mithilfe eines bürgerlichen Beamtenstabs wurden Handwerk und Handel gefördert, Straßen gebaut, die Stadtentwicklung vorangetrieben. Großartige Bauwerke entstanden, um die Herrschaft der Bischöfe zu präsentieren und bleibende Denkmale zu setzen.

Kaisersaal

Der oberbayerischen Baumeisterfamilie **Dientzenhofer** gehörten fünf Brüder und zwei ihrer Söhne an: Georg (1643–1689), Wolfgang (1648–1706), Christoph (1655–1722) und sein Sohn Kilian Ignaz (1689–1751), Leonhard (1660–1707), Johann (1663–1726) und sein Sohn Justus Heinrich (1702–1744). Sie wirkten als Maurer, Steinmetze, Poliere, Baumeister, Architekten und Bauunternehmer in Böhmen, Franken, Hessen, Schlesien und der Oberpfalz. Leonhard Dientzenhofer war ab 1687 Architekt und Baumeister in Bamberg und ab 1699 Ratsherr. Er schuf u. a. St. Martin, Kloster Michaelsberg und die Neue Residenz.

Raumkunstwerk der Bamberger Residenz gilt. Er wurde 1707/09 von Melchior Steidl ausgemalt. Beeindruckend erhöhte der Freskenmaler die Architektur illusionistisch bis in die Decke zum Himmel hinauf und versah den Raum mit überlebensgroßen Bildnissen von 16 Kaisern sowie Allegorien der vier Weltreiche. Bei der Säkularisation 1802 ging die fürstbischöfliche Residenz an das bayerische Königsgeschlecht der Wittelsbacher über. Danach wohnten hier u.a. Herzog Wilhelm in Bayern mit Familie (1806–1837), der spätere König Maximilian II. als Kronprinz (1843–1846) und um 1900 Erbprinz Rupprecht. Mit der Revolution von 1918 endete die Herrschaft der Wittelsbacher. Seit 1919 ist die Neue Residenz ausschließlich Museum.

Heute zeigt das Haus in ca. 50 Räumen Kunstschätze aus 400 Jahren. Die drei Prunkappartements sind bei Führungen zugänglich. Sie gewähren Einblick in das herrschaftliche Wohnen und Repräsentieren des 18. und 19. Jahrhunderts. Die Staatsgalerie Bamberg präsentiert mit »Altdeutscher Galerie« und »Barockgalerie« wertvolle Gemälde und Skulpturen. Seit 1965 beherbergt der vordere Gebäudeflügel die renommierte Staatsbibliothek Bamberg. Sie besitzt Handschriften und Frühdrucke aus Klöstern und der alten Universität sowie umfangreiche privave Bücherstiftungen. Zu den wertvollsten Handschriften gehören Schenkungen Kaiser Heinrichs II., darunter drei Stücke, die als Weltdokumentenerbe der UNESCO anerkannt sind.

35 | Rosengarten

Apr.–Sep. 9–18 Uhr; Okt.–März 10–16 Uhr

Im Innenhof der Neuen Residenz lädt der Rosengarten zum Verweilen ein. 4500 Rosenstöcke von 50 verschiedenen Sorten, harmonisch gestaltete Beete und Rondelle, ein Brunnen und anmutige Sandsteinfiguren bestimmen die romantische Atmosphäre. Von der Balustrade bietet sich ein schöner Blick auf die Altstadt sowie hinüber zum Michaelsberg. Im 16. Jahrhundert befand sich auf dem Gelände ein Renaissancegarten. Fürstbischof Friedrich Carl von Schönborn ließ den Garten 1733 in eine Barockanlage nach Plänen von Balthasar Neumann umwandeln. Sie wurde geschmückt mit Skulpturen des Hofbildhauers Ferdinand Tietz (1760/61). Der Rokoko-Gartenpavillon beherbergt ein schönes Café. An Sommerabenden finden im Garten klassische Konzerte statt.

Buchdruck in Bamberg
Nachdem Johannes Gutenberg um 1450 in Mainz den Buchdruck erfunden hatte, entstand um 1460 in Bamberg die erste Druckerei außerhalb von Mainz, geführt von Gutenbergs Schüler Albrecht Pfister, der im Dienst des Bischofs stand. Somit gilt Pfister als Miterfinder der Buchdruckerkunst. Sein 1461 vollendeter Druck der Fabelsammlung »Der Edelstein« (Ulrich Boner, 1330) ist das erste mit beweglichen Lettern gedruckte Buch in deutscher Sprache und das erste bekannte, mit Holzschnitten illustrierte Druckwerk. Pfisters Werke machten Bamberg zum zweiten Ausgangsort für die Entwicklung des Buchdrucks.

Ehemaliger Zobelhof (heute Missionshaus St. Heinrich)

36 | Domherrenhöfe

Hinter dem Dom und der Alten Hofhaltung entstanden seit dem 13. Jahrhundert zahlreiche Domherrenhöfe. Sie bildeten eine vom Adel geprägte mittelalterliche Stadtstruktur mit Wohn-, Verwaltungs- und Wirtschaftsgebäuden um geräumige Innenhöfe. Jede Domkurie besaß eine eigene Kapelle, nach deren Patron der Hof benannt war. Die bis heute erhaltenen Bauten stammen aus dem 15. bis 18. Jahrhundert. Heute werden die meisten Gebäude der ehemaligen Domherrenhöfe vom Bistum genutzt oder sind in Privatbesitz und deshalb nicht öffentlich zugänglich. Trotzdem lohnt sich ein Spaziergang entlang ihrer Mauern auf der holprigen, stillen Domstraße hinter der Alten Hofhaltung hinauf. Angekommen in der Oberen Karolinenstraße, fällt der Blick auf die Domschule und das repräsentative Erzbischöfliche Palais.

37 | St. Jakob

Die Kirche auf dem Jakobsberg ist im Kern eine der ältesten Bambergs. Nur wenig jünger als der alte Heinrichsdom, entstand sie nach seinem Vorbild: eine kreuzförmige Säulenbasilika, flache Decke, zwei Chöre, ein Querschiff im Westen, Ost- und Westkrypta. Ihr Bau begann 1073 und war 1109 vollendet. Außerhalb der Domburgbefestigung am Weg der Jakobspilger gelegen, gehörte sie zum eigenständigen Kollegiatstift St. Jakob und diente als Chorherrenstiftskirche. Das Stift erreichte im 12. Jahrhundert seine Blüte und wurde im Zuge der Säkularisation 1803 aufgelöst. Am Turm prangt ein Wappen aus dem 13. Jahrhundert – das älteste erhaltene Steinwappen der Stadt Bamberg. Im 15. Jahrhundert erfuhr der Westchor der Kirche eine gotische Erneuerung. 300 Jahre später – 1771 – entstand die vorgesetzte Barockfassade. Die überlebensgroße Jakobsskulptur in einer Nische stammt von dem Bildhauer Ferdinand Tietz. Viele Bauteile der Romanik blieben erhalten. 1866–1882 wurde die romanische Innengestaltung wiederhergestellt und in den 1990er Jahren sorgfältig restauriert. So gilt St. Jakob heute als die einzige noch erhaltene romanische Kirche der Stadt. In der kleinen Ostapsis findet man die Originalfigur der Kunigunde, die früher auf der Unteren Brücke stand. In der St. Josefskapelle ist das einmalige »Kupferberger Positiv« zu entdecken, ein sorgsam restauriertes Orgelwerk aus dem 17. Jahrhundert, eingebaut in einen schlichten Holzschrank.

38 | Kloster St. Michael

Klosterkirche wegen Sanierung bis 2025 geschlossen
Fränkisches Brauereimuseum Apr.–Okt.: Mi–Fr 13–17 Uhr, Sa/So 11–17 Uhr

An der Straße zum Michaelsberg lohnt rechter Hand ein Blick in die Aufseßstraße mit einem gut erhaltenen alten **Kreuzweg**. Auf dem Michaelsberg erwartet den Besucher das mächtige ehemalige Benediktinerkloster St. Michael. Es wurde 1015 durch den ersten Bamberger Bischof, Eberhard I., auf Anregung von Kaiser Heinrich II. gegründet. 1021 fand die prunkvolle Einweihung der ersten Kirche statt, die bei einem Erdbeben 1117 vollständig zerstört wurde. Bischof Otto I. ließ daraufhin die neue romanische Kirche St. Michael errichten, geweiht im Jahr 1121. Auf eigenen Wunsch erhielt der später heiliggesprochene Bischof hier sein Grab. Nach einem Brand entstanden bis 1617 das Langhaus und die zwei Türme der Kirche in spätgotischem Stil neu. Das Deckengewölbe im Mittelschiff erhielt einen wundervollen »Himmelsgarten« – 578 detailgetreue Abbildungen von heimischen wie auch exotischen Heil-, Nutz- und Zierpflanzen. Ende des 17. Jahrhunderts gestaltete Leonhard Dientzenho-

Der **Kreuzweg** wurde um 1500 von Heinrich Marschalk von Ebneth zu Rauheneck gestiftet. Er hatte der Überlieferung nach auf einer Wallfahrt in Jerusalem die Schritte des Leidensweges Jesus vom Haus des Pilatus bis nach Golgatha ausgemessen und nach Bamberg übertragen. So entstand der heute älteste vollständig erhaltene Kreuzweg Deutschlands. Die ausdrucksstarken Sandsteinreliefs des Bildhauers Adam Krafft zeigen sieben Stationen: die erste an St. Elisabeth, vier weitere in der Aufseßstraße, die fünfte am Aufstieg zum Michaelsberg und die Endstation am Heiligen Grab in St. Getreu, der ehemaligen benediktinischen Propsteikirche des Michaelsklosters.

fer die vorgeblendete barocke Außenfassade, sein Bruder Johann die Terrasse mit großartiger Freitreppe und Heiligenfiguren. Der Innenraum erhielt barocke Altäre, Skulpturen und eine Rokoko-Kanzel, die als schönste Kanzel Bambergs gilt.

Mehrere Jahrhunderte besaß das Kloster eine hohe geistige und wirtschaftliche Bedeutung. Bei der Säkularisation 1802 gelangte es in den Besitz der Bürgerspitalstiftung Bamberg und wurde zum Altenheim Bürgerspital. Bis heute befindet sich in den Klostergebäuden ein Seniorenheim. Ein Rundgang durch die Klosteranlage führt zum Fränkischen Brauereimuseum in der ehemaligen Klosterbrauerei, zum Theater am Michelsberg, zwei Restaurants und schönen Gärten. Seit einigen Jahren wachsen am Südhang, einem historischen Weinberg des 12. Jahrhunderts, wieder Rebstöcke. Im Innenhof des ehemaligen Klosters lädt der Stiftsladen mit Café zum Verweilen ein. Hier kann der Bamberger Silvaner verkostet und erworben werden. Im angrenzenden Infozentrum erhalten Besucher Informationen über die Kirche St. Michael, das Kloster und seine Umgebung. Von den Terrassen bieten sich schöne Blicke über die Stadt und zum Domberg. Durch den schönen Michaelsberger Garten gelangt man hinab in die Altstadt.

Die klassizistische **Villa Remeis** mit großzügigem Garten am Michaelsberg bietet Besuchern einen eindrucksvollen Panoramablick über die Altstadt und ein besonderes Café-Erlebnis. Nach dem Willen des früheren Inhabers, Dr. Karl Remeis (1837–1882), Jurist und Astronom, dient die Villa einem Projekt des Sozialdienstes katholischer Frauen. In ihrem Café gibt es köstliche Kuchen, Torten und Pikantes aus eigener Herstellung, mit Liebe serviert (St.-Getreu-Straße 13, Di–So 12–18 Uhr).

Klosterkirche St. Michael

39 | St. Elisabeth

Mi–Mo 10–17 Uhr

Die ehemalige Spitalkirche, ein gotisches Kleinod, wurde 1354 zu Ehren der Hl. Elisabeth und des Heiligen Geistes geweiht. Sie gehörte zum 1328 gestifteten Spital »Zum Heiligen Geist, bei dem Turm im Sand«. Der bis heute erhaltene Chor entstand um 1400, das Langhaus um 1493. Im Innern blieben ein spätgotischer Hochaltar und dahinter ein Buntglasfenster aus dem 18. Jahrhundert erhalten. Nach der Säkularisation 1802 wurde die Kirche als Zucht- und Arbeitshaus genutzt und seit 1883 wieder als Gotteshaus. 2019 erhielt die Kirche das erste von insgesamt acht farbigen, zeitgenössisch gestalteten Glasfenstern des bekannten Malers, Grafikers und Bildhauers Markus Lüpertz. Er gestaltete sie zu Legenden der Barmherzigkeit der Hl. Elisabeth: Almosen geben, Gefangene besuchen, Hungrige speisen, Tote begraben, Nackte bekleiden, Kranke betreuen, Obdachlose beherbergen.

Neben dem Eingang der Kirche beginnt ein Kreuzweg (siehe S. 58). Alljährlich Ende August, zum Kirchweihfest von St. Elisabeth, ist der Kirchplatz Ausgangspunkt der **Sandkerwa**.

Die **Sandkerwa**, das größte Volksfest Bambergs, findet an fünf Tagen im August statt. Seit 1951 wird rund um die Sandstraße traditionell die Weihe der Kirche St. Elisabeth im Sand gefeiert. Zu den Höhepunkten gehört das traditionelle Fischerstechen auf der Regnitz vor der Kulisse von Klein Venedig, wobei jeweils zwei Teilnehmer von Booten aus versuchen, sich gegenseitig ins Wasser zu stoßen. Beim Hahnenschlag werden von den Teilnehmern mit verbundenen Augen Tontöpfe zerschlagen. Konzerte, Rummel und Feuerwerk sorgen für großartige Stimmung. Jährlich feiern rund 200 000 Besucher die Sandkerwa.

40 | Klein Venedig

Vom Ufer »Am Leinritt« bietet sich ein hinreißender Blick auf die Häuser von »Klein Venedig«, eine Bezeichnung aus dem 19. Jahrhundert zur Förderung des Fremdenverkehrs. Die ehemalige Fischersiedlung liegt am rechten Regnitzufer zwischen dem Alten Hafen und der Markusbrücke. Bereits um 650 lebten Fischer an der Regnitz. Über viele Jahrhunderte war der Fischfang eine wichtige Nahrungsquelle für die Bamberger. Seit 1250 ist auch die Schifffahrt überliefert. Um 1300 gründeten die Fischer und Schiffer ihre Handwerkszunft in der Siedlung im Sandbad. Wegen Platzmangels wechselten sie Ende des 14. Jahrhunderts auf die andere Flussseite. Die Zunft erlangte bis ins 19. Jahrhundert große wirtschaftliche Bedeutung, dann ging sie wegen der Entwicklung der Eisenbahn zurück. Heute existiert die Schiffer- und Fischerzunft als Genossenschaft mit 35 bis 40 Mitgliedern.

Vor den Untergeschossen lagen die Kähne, auf den Laubengängen und Balkonen wurden die Fischernetze getrocknet. Die Fachwerkhäuser stammen überwiegend aus dem 16. und 17. Jahrhundert. Heute beeindrucken sie mit malerischen Fassaden, blühenden Vorgärten und Booten am Steg. Sie sind nicht öffentlich zugänglich.

Das private **Krippenmuseum** in der Oberen Sandstraße 23, gegründet 2001, zeigt auf einer Ausstellungsfläche von ca. 300 Quadratmetern eine herausragende Auswahl nach Alter, Herkunft und Material der unterschiedlichsten historischen Weihnachtskrippen und Krippendarstellungen. Die Sammlung umfasst Krippen aus vier Jahrhunderten und mehr als 70 Ländern. Dazu gehören sowohl die größte böhmische Glaskrippe als auch Bamberger Krippen (Mai–Sep.: Mo–Mi 13–17 Uhr; 1. Advent–6. Jan. 10–16 Uhr oder nach Vereinbarung Tel. 0174 9 88 33 06).

41 | »Schlenkerla«

9.30–23.30 Uhr

Die Obere Sandstraße führt durch das Gebiet im Sand, das bereits im 10. Jahrhundert besiedelt war und der älteste Stadtteil Bambergs ist, geprägt von schmalen Gassen, historischen Häusern, kleinen Läden, einem sehenswerten **Krippenmuseum**, Restaurants und Szene-Clubs, seit Jahren die Kneipenmeile Bambergs, mitunter auch mit unangenehmen Begleiterscheinungen.

Am besten beschließt man den Stadtrundgang mit einer zünftigen Einkehr ins »Schlenkerla«, dem heimlichen »Nabel der Altstadt« in der Dominikanerstraße. Das Wirts- und Brauhaus ist die Quelle einer besonderen Bamberger Spezialität: **Rauchbier**. Hier wird es aus Eichenholzfässern gezapft. Im Jahr 1405 wurde das Anwesen neben dem Dominikanerkloster als »Haus zum blauen Löwen« erstmals urkundlich erwähnt. Der heutige ungewöhnliche Name geht auf den Wirt Andreas Graser zurück, der die Brauerei 1875 übernahm. Weil er gern »mit seina Orm a wengla geschlenkert hot, drum hom's ihn Schlenkerla getauft«, heißt es in einer Chronik. Manch einer meint, der ungewöhnliche Gang mit schlenkerndem Arm komme von einem Sturz, als dem Wirt ein Bierfass zwischen die Beine gerollt sei. Seitdem haftet der Spottname dem Haus und dem dort gebrauten Bier an und machte beide berühmt.

Heute führt die Familie Trum in sechster Generation die historische Rauchbierbrauerei. Die wunderschön hergerichteten Räume der alten Gemäuer des Dominikanerklosters besitzen ein einmaliges Ambiente. Die gotisch gewölbte »Dominikanerklause« aus dem Jahr 1310 war einst die Hauskapelle der Mönche. Auch das große »Bamberger Zimmer« gehörte zum Kloster. Die Wirtsstube »Altes Lokal«, 1405 erstmals erwähnt, besitzt noch die von Ochsenblut getränkten Deckenbalken, an den Wänden historische Stiche. Und im »Ulanenzimmer« kampierte im 19. Jahrhundert das Regiment der Bamberger Ulanen. Bei schönem Wetter ist auch der Biergarten im Dominikanerhof geöffnet. An den blanken Holztischen im »Schlenkerla« treffen sich Einheimische und Gäste aller Couleur – vom Rauchbier fröhlich vereint.

Rauchbier ist für Bamberg-Besucher ein Muss. Das dunkle, herb würzige, untergärige Märzenbier mit 13,5 Prozent Stammwürze (Alkoholgehalt von 5,1 % Vol.) wird auf althergebrachte Weise hergestellt. Sein Geschmack nach frisch Geräuchertem entsteht, wenn der würzig duftende Rauch brennender Buchenholzscheite direkt über dem offenen Feuer das Malz beim Dörren durchströmt, bevor es in alten Kupferkesseln mit Hopfen im Sud vermischt wird und in 600 Jahre alten Felsenkellern am Stephansberg zum Bier reift.

Gast- u. Brauhaus
zum
Ringlein
R.u.C. Christel
Hof Bäckerei Seel

Bamberg an einem Tag. Ein Stadtrundgang
Herausgegeben von Mark Lehmstedt

Text: Christina Meinhardt
Lektorat: Kristina Schulze/Lehmstedt Verlag
Karte: OpenStreetMap-Mitwirkende, geodressing.de
Fotos: Günter Müller, außer: Hajo Dietz/Nürnberg Luftbild (U2, S. 1, 28, 41, 58), Naturkunde-Museum Bamberg (S. 9), Lara Müller/Stiftungsmanagement Stadt Bamberg (S. 19 u.), Stadtarchiv Bamberg (S. 20), imageBROKER/Alamy Stock Foto (S. 25), Pudelek/CC BY-SA 3.0 (S. 26 o.), Reinhold Möller (S. 31 o.), agefotostock/Alamy Stock Foto (S. 43), Luis Emilio Villegas Amador/Alamy Stock Foto (S. 48), Ernst Wrba/Alamy Stock Foto (S. 49), Ludmila Kvapilová-Klüsener/Diözesanmuseum Bamberg (S. 50 o.), Pressestelle Erzbistum Bamberg (S. 50 u.), © Bayerische Schlösserverwaltung/www.schloesser.bayern.de (S. 51, 52 Günter Müller; S. 53; S. 54 Rainer Herrmann Maria Scherf; S. 55 Ulrich Pfeuffer), Berthold Werner (S. 59), Panther Media GmbH/Alamy Stock Foto (S. 61)
Gestaltung: Mareike Bardenhagen/Lehmstedt Verlag
Druck: druckhaus köthen GmbH & Co. KG, Köthen (Anhalt)

Umschlag:
1: Altes Rathaus
2: Blick zum Dom
3: Luftbild
4: Bamberger Reiter im Dom
5: Apfelweibla am Haus Eisgrube 14

1. Auflage, 2021
ISBN 978-3-95797-120-3